国际服装丛书·营销

FASHION BUYING
From Trend Forecasting to Shop Floor
Second Edition

时尚买手：
从趋势预测到店铺运营（第2版）

[英] 大卫·肖恩（David Shaw）
    迪米特里·科比（Dimitri Koumbis） 著 | 任力 译

中国纺织出版社

内 容 提 要

本书从买手职业角色入手,将买货行为划分为五个主要部分:买货行为的总论、流行时尚的灵感来源、影响买货的主要因素、商品和供应链管理及企划、当代买手行业的新趋势,并基于上一版讨论过的话题进行了内容扩充,同时加入了许多新的案例分析,以反映当代市场的变化趋势。采购商品定价基本准则内容的介绍,可令读者对买手如何借助计算加成与折让创造利润等关键内容有更深入的体会。

本书以顾客为唯一变量要素,旨在展现真实的买货行为,即现实商业中惯用的主流买货方法,与买手的工作及就业紧密相连,希望可以助力服装行业相关从业者提升职业能力。

原文书名: Fashion Buying From Trend Forecasting to Shop Floor, Second Edition
原作者名: David Shaw, Dimitri Koumbis
© Bloomsbury Publishing Plc., 2017
This translation of Basics Fashion Management: Fashion Buying is published by China Textile & Apparel Press by arrangement with Bloomsbury Publishing Plc.
本书中文简体版经 Bloomsbury Publishing Plc. 授权,由中国纺织出版社有限公司独家出版发行。
本书内容未经出版者书面许可,不得以任何方式或任何手段复制、转载或刊登。

著作权合同登记号:图字:01-2018-1437

图书在版编目(CIP)数据

时尚买手:从趋势预测到店铺运营/(英)大卫·肖恩,(英)迪米特里·科比著;任力译. --2版. --北京:中国纺织出版社,2019.10(2024.7重印)
(国际服装丛书. 营销)
书名原文: Fashion Buying From Trend Forecasting to Shop Floor, Second Edition
ISBN 978-7-5180-5714-6

Ⅰ. ①时… Ⅱ. ①大… ②迪… ③任… Ⅲ. ①服饰—采购管理 Ⅳ. ①F768.3

中国版本图书馆CIP数据核字(2018)第280672号

策划编辑:魏 萌 责任编辑:谢冰雁 责任校对:寇晨晨
责任印制:王艳丽

中国纺织出版社出版发行
地址:北京市朝阳区百子湾东里A407号楼 邮政编码:100124
销售电话:010—67004422 传真:010—87155801
http://www.c-textilep.com
中国纺织出版社天猫旗舰店
官方微博http://weibo.com/2119887771
北京华联印刷有限公司印刷 各地新华书店经销
2018年8月第1版 2019年10月第2版
2024年7月第4次印刷
开本:710×1000 1/16 印张:10.75
字数:126千字 定价:78.00元

凡购本书,如有缺页、倒页、脱页,由本社图书营销中心调换

图 0-1 男装的兴起
随着男士对时尚穿着需求的与日俱增,时尚买手对每一季男装的关注度也越来越高。

目录

引言　　vii

1

时尚买手　　1

什么是时尚买手？	2
时尚买货步骤	8
零售环境与买手	18
案例学习：凯特·鲁克（Kate Ruque），奢侈品时尚买手	26
专访：凯特·鲁克	28
总结	30

2

买货的灵感来源　　33

买手、设计师和市场	34
市场调研	38
流行趋势预测	44
进货市场	46
案例学习：胶囊秀（Capsule Show）	56
专访：迪尔德丽·马洛尼（Deirdre Maloney）	58
总结	60

3

供应商、采购和公关　　63

时装设计师与买手的关系	64
什么是供应链？	66
买手与供应商的关系	68
库存管理	70
进货方案	72
开发产品类别和选择产品线	76
面料选择	78
流行更替和时尚购买周期	80
选择与采购服装	84
案例学习：弗拉尔·恰尔德（Feral Childe）	86
专访：爱丽丝·吴（Alice Wu）	88
总结	92

4

商品企划　　　　　　　　　　95

什么是商品企划	96
制订季初买货计划	104
样品及最终产品系列的规则准备	108
产品定价	110
风险与产品号型问题	114
平衡货品类别	116
案例学习：格柏科技 （Gerber Technology）	118
专访：奥沙瓦·平托（Oshana Pinto）	120
总结	124

5

时装买货趋势　　　　　　　127

促销活动	128
关于科技手段	136
企业社会责任	140
案例学习：克里斯订·卢西奥 （Kristen Lucio），时尚企业家	146
专访：克里斯汀·卢西奥	150
总结	152

结论	155
词汇表	156
行业资源	158
致谢与图片出处	160

引言

在整个时尚产业中,时尚买手这个角色无疑被看成最具魅力的工作之一。通常来说,刚踏进时尚买手这行的人会误以为这份工作是关于购买他们自己喜欢的服装的。但其实他们必须了解目标顾客群所喜欢的颜色、款式以及品牌等最新的潮流信息。时尚买手不管采用何种形式采购,其主要任务都是尽可能地选择最畅销的产品线,以吸引目标顾客,以便能更快地销售出去,这是至关重要的。时尚买手需和设计师、商品企划人员紧密合作,以确保能充分围绕当季的卖点准确进货,从而实现销售与利润的预期目标。

《时尚买手:从趋势预测到店铺运营(第2版)》旨在探索成为买手所必须熟知的活动、流程和参与人群,以及它们所起的作用。同为买手,也分很多不同角色,如为低价折扣店或超市采购贴牌产品的买手,也有为高端精品百货店从全球搜罗名牌商品的买手。不同层次的买货行为各具特色,且有其微妙的独到见解。总体来说,因顾客是唯一的变量要素,故买货中所经的过程、所需的技巧以及对货品的认知也都大同小异了。

《时尚买手:从趋势预测到店铺运营(第2版)》将买货行为划分为五个主要部分:①买手行为概述;②流行时尚的灵感来源;③影响买货的主要因素;④商品和供应链管理及企划;⑤当代买手行业的新趋势。本书展现的是真实的买货行为,也就是现实商业中惯用的主流买货方法,与买手的工作与就业紧密相连。本版,对许多前面讨论过的话题进行了内容扩充,同时加入了许多新的案例分析,以反映当代市场的变化趋势。本书对商品定价的基本准则进行了介绍,以便让读者对买手如何借助计算创造利润这一关键内容有更深入的体会。

图0-2 2015~2016秋冬
模特伊扎贝尔·古拉特(Izabel Goulart)展示了一件1970年代风格的亮片连衣裤和皮草披肩。

第1章

本章主要区分了不同买手的角色类型，也诠释了成为一名成功商业买手的意义与重要性。揭示了这项工作的高强度与多面性，以及每个独立进货与产品开发团队的重要作用。成功的买货行为离不开买手的专业技能、个性特征和时尚态度，这些都被实践证明有益于买手促进工作效率，提升获取商业成功的概率。

第2章

买货作为一种技术工作，具有高度的创造性，一方面是因为时尚买手必须对一直不停变化着的市场环境保持应变，另一方面还要面对和满足那些对时尚越来越挑剔的消费者的无尽需求。在本章节中，可以找到买手是如何与设计师配合，不断提前一季计划、采购和更新消费者心仪产品的谜底。市场介绍部分展现了他们为了能获得更正确的产品信息，而不惜增加内部设计团队，或者借助第三方时尚预测机构的服务等。这里还会提供一些如何得到比较好的时尚灵感来源的建议。

第3章

随着时尚产业的全球化发展，一些本土设计制作的时尚产品变得越来越稀有，因此需要时尚买手在全球范围寻找货源。随着消费者对质量和价值需求的不断提升，搜集、管理并发展高效的海外供应商已成为买手这项商业活动的基础工作。

在第3章里，将会更详细地介绍买手与设计师之间的合作。其中，着重阐述成功管理海外供应商的重要性，围绕产品线、品类和部门讲解如何生产并提供适当的产品这个关键问题。组织和管控服装产品的范围对买手来讲是至关重要的——尽管时装买手总是会购买超过他们预算的更多产品。而且时装买手还会参与到如何将买进的服装在店中有效转化为销售的过程。这章节还将揭示当下的时尚买手在最终供应商和产品品类的抉择中面临的困境。

第4章

当今时尚市场竞争如此之激烈，针对合适的市场生产适合的产品，再以合适的价格，在合适的地点和时间销售给适合的人，显得尤为重要。可以说，如今全球各类（零售）市场中，服装市场算是一个最难伺候的了。因此在这章里我们要好好考察一番，服装零售商们在从产品企划到生产销售的过程中需要秉承多大的细心与精心，才能确保日后上市销售的都是最好卖的产品。

这章我们还会分析：商品企划如何一步一步地成为时尚买手日常工作中最主要的内容，也会关注那些专业商品企划师怎么和买手协作，帮助他们更集中地展示买手创造性的一面。此外，还会探索如何运用产品定价和KPI（关键绩效指标）等手段设定并接近买手的目标利润。

第5章

在零售商不断发展的过程中，他们需要凝练出适合自己公司发展的正确战略，并能考虑所有股东的利益。在最后章节里，我们会介绍企业社会责任的概念，还将从内部和外部因素探讨买手如何帮助所在企业履行社会责任。本章还着眼于影响进货行为的各种趋势，从促进商品需求的促销活动到加强买手和商店之间沟通的各种技术。

在每一章中，都安排穿插了一些比较权威的时尚专家的访谈。他们能够将各章所讲内容恰当地融进实际的情境和认知中，通过独特的视角让你进入到时尚买手的商业世界中，并体会到当今买手所要面临的多重挑战。每一章都有案例研讨，辅助说明所描述的商业活动。最后建议学习者边学习边参与实践活动，方能更有效地理解各章所讲主题。

实际中的买手进货过程是一个漫长而复杂的供应链程序，通常会有数百人参与其中。时装采购是一个充满智慧的工作，因为需要在短时间内协调安排好一系列的活动。常常由于市场的瞬息万变而使原本复杂的问题变得更加复杂。每一个有经验的买手都会告诉读者：仅仅拥有对时尚的热情是远远不够的。坚韧不拔、充满自信、驾驭能力、细心和对时尚的共鸣都是同等重要且不可或缺的。

最后，祝你的时尚买手事业好运！

1 时尚买手

买手通常被认为是所有时尚零售业中最具魅力的角色之一。然而，这项工作需要具备商业头脑、对细节的强烈关注以及纯粹的决心。时尚买手是一个艰难、充满竞争的职业，买手可以在这个行业的不同产品等级或部门工作——从最低端的折扣业务到最奢华高端的品牌。

买手如何运作存在着很大的差别：百货商店的买手可以从已有的品牌范围中选择，而一个中档的私人品牌服装零售商买手则需要从头开始开发一个独特的系列。不管是哪个层面，任何时装交易的成功都依赖于买手采购一系列独特的既能吸引顾客又能为零售创造利润的产品。

图1–1　2015~2016 秋冬
弗朗索瓦·艾梅里克（Francois Eymeric）在巴黎时装周的秀。

什么是时尚买手？

时尚买手工作可以由个人担当，还可以由团体（买货团队）担当，不论个人还是团队都扮演的是为零售组织采买商品的角色。她/他们研究趋势，寻找原材料和成品货源，制订每一季的买货计划，并与外部供应商和设计师协作，为目标市场推出一系列产品。将这些产品分销出去的零售渠道很多，如线下实体店、线上网店以及购物手册等。

对于服装企业来讲，时尚买手对于公司盈利的影响，往往比服装设计师的作用更大。尽管设计师是所有时尚产品的起点，但买手会选择他们认为最容易被市场接受的产品来推动零售组织的销售，同时也能满足消费者需求。

买手工作的格局主要看下面这三个指标：①所在的零售组织如何架构（运营模式）；②为之采购的零售商的运作规模（买货数量）；③能决定的产品组合（买货质量）。

时尚买手的日常工作是这样的：与设计师一起紧密配合，不断地开发、编辑和剔除那些初始想法、样本或品牌，将潜在的多种项目削减到最终的可行范围。无论是为个体店铺还是为大型连锁商店买货，对时尚买手的真正考验都在于：选择进货的产品是否会摆上商店的货架，并以正价卖掉。

现实中，一个买手很难达到百分百成功，多多少少会有一点销售不佳的情况，并且需要通过降价推动销售，尽管这会降低企业的整体利润。但这就是零售。

要求和期望

时尚买手绝对是一项有竞争力的职业,申请者或许来自不同的教育背景,需要许多不同的技能和素质才能成为一个成功的时尚买家。在时尚行业,专业的人力资源顾问在招募买手角色时,总想找到一种神奇有效的方式,他们知道仅仅依靠对时尚行业的热情是绝对不够的。

当今全球与时尚相关的设计、制造、买货、营销管理等课程的数量呈指数型增长。一些课程偏向商业运营的能力培养,而另一些课程则着重于设计创意方面,但没有哪一种课程可以让求职者直接就能进入买手职场。你的求职信、强有力的简历、自信心满满且又令人信服的面试,都与是否拥有相关学位同等重要。一名称职的买手需要具有如下个人特性:

- 高效,灵活,正能量。
- 高度的批判性与前瞻性。
- 能够独立工作也能够与他人合作。
- 会分析销售趋势。
- 深晤当下流行,并能针对不同市场预判未来趋势。

"时尚可不是仅仅存在于服装里面。天空里有时尚,街道上有时尚;时尚要有思想,并和我们的生活息息相关,和身边的一切事物相关。"

——可可·香奈儿(Coco Chanel)

图1-2 买手在检查服装的板型
买手与设计师一起检查服装的板型是否与目标消费群匹配。

买货团队和他们的工作环境

通常,一个买货团队由4~6人组成,但是根据组织大小可能会有或多或少的变化。他们需要在严格的期限内工作很长时间,并有比较高的利润要求。买货团队通常包括以下关键人员:

- 买手
- 买手助理
- 买货管理助理
- 商品企划师
- 商品企划助理

有时,零售商可能会参与开发自有品牌,企划员和助理也会加入产品开发团队中去。

通常来说,买货团队的规模会随着产品门类的增多、复杂性或重要性的增强而变得越来越大,比如在服装基础上增加了配饰和内衣。

对于那些大型服装零售商来讲,负责买货的人可能会超过百人。但是随着人力成本的不断增加,大多数公司更致力于保持团队的精简和高效。

图1-3 买货团队
买手和买手助理在为即将到来的季节的
新生产线准备颜色样本。

对于一家零售企业来讲，公司以及买手办公室的氛围和陈设往往都是很重要的参考指标，可以反映出零售商大致的时尚风格和水准。如果是店铺则以开放式为佳——每组货品都以悬挂的货架和储物架隔开。以确保那些刚刚买进的服装处于自然状态。设备完善的空间还会有金属龙门架或者储物格，既便于合理利用空间，又方便取放。储物格的合理规划既能悬挂复杂的产品品类，又保证了视觉上的统一。

合适的光线（最好是自然光），开阔的工作区域（便于服装测量及检测），以及宽敞的会议室都是理想的工作条件，都有助于买手和他的团队成员在各种会议和头脑风暴中保持决策的高效与清晰敏锐的思考能力。

成为一名时装买手所需的关键技能

一名好的买手是集人际交往和商业来往技能等属性于一身的，这些技能和属性会随着业务环境和经济环境的变化而变化。

时尚感
- 强烈的时尚敏感度
- 能够预测和诠释流行趋势与状态
- 有强大的货品组合与搭配技能
- 能预见当季消费者时尚需求

产品知识
完备的产品相关技术知识

自身能力
良好的色彩感知与视觉分析能力

身心灵活
抗压力与毅力

管理能力
良好的书面和口头沟通能力

决断力
优异的时间管理技能

数学计算能力

买手专业技能

以顾客为中心的零售心态

优秀的谈判能力

个人属性
有强烈的成功欲与动机

热情

友善

公正公平

外向

富有想象力

认真负责

求知欲强

积极向上

学习新知识的渴望

和其他零售环节人员合作

买手的日常经常会被一系列内部会议充斥。大部分买货机构都在季度性买货开始前先召开周计划、月计划或季度计划的会议，也会有具体的国内外买货计划与行程。与那些在零售组织中扮演其他重要角色的人所做的有效沟通，对于制订一个成功的（盈利性较高）季度买货计划来说，是必不可少的。

买手在采购交易中保持良好声誉十分重要，因为在此过程中他还扮演着企业宣传大使角色。因此，对于时尚买手来说，在所有的交易中表现出一致、高效、友好的态度是至关重要的，同时要在所有的谈判中保持商业、专业而坚定的态度。要知道，服装行业靠的不仅是产品，更靠与人打交道的能力。

服装技术人员

随着越来越多的时尚产品在国外生产，本国的技术团队会变得越来越小。他们现在更像是一个管理中心，拥有远program的国际办公室和技术人员。买手一般缺乏技术背景或相关培训，所以面对品类繁多的产品的舒适性、耐久性和可靠性等方面问题，他们倾向于依赖技术人员。所以一名买手保持与技术人员很好的关系也是十分必要的。

所有的服装和面料都需要在出厂前进行测试，要求买手在工作过程中不断检查、测验和签署各种各样的测试报告。对细节的关注是很重要的。综合各类国际、国内和本土组织的产品执行标准，买手需要和团队技术人员一起确认质量最后达标。这也体现了买手对购买他们产品的终端消费者健康、安全的关心。

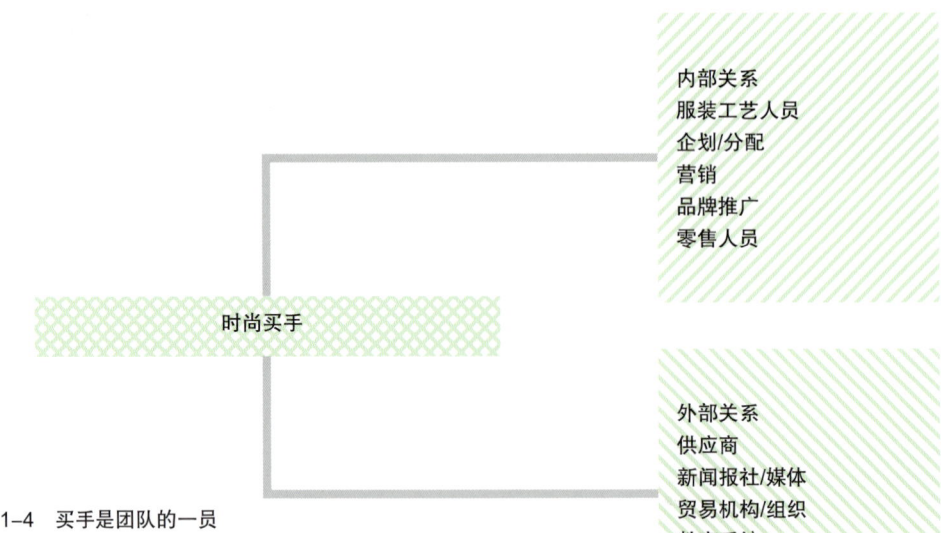

图1-4　买手是团队的一员

一个买手必须和大范围的同事合作，并成为那些需要合作的各类供应商们的桥梁，组织和增进他们之间的交流。

货品计划和配送

尽管计划部和配送部都需要时常和商品企划人员打交道，但买手们也难免时不时地参与到这两部门的工作中。产品的进口采购是一项复杂的工作，买手们若能与计划部或配送部协作无间，往往能让他们采购的产品在运送途中更快、更高效。随着买手积累的经验越来越丰富，就会逐渐发现，一些进口采购中容易出现的问题其实很难避免——就算再好的产品线，该出问题还是会出问题。

一旦进口产品到达配送中心，就需要尽快配送到零售店中。商品企划人员的工作与配送中心的管理以及他们的团队息息相关，经验丰富的买手经常会去配送中心，与其保持良好的关系。

面料供应商

尽管一些买货工作室有自己的面料采购小组，但在没有面料专家的小型企业中，买手需要与主要的面料供应商以及服装供应商洽谈采购事宜。因此，对纺织品有透彻的了解对买手来说很重要，无论他们是否直接购买纺织品或与面料供应商合作，都需要了解服装面料的性能，比如面料的强度等。此外，保持对新面料和新科技的认知也是买手需要掌握的一项必要技能。

市场营销和品牌推广

大型时尚企业都有着完善的市场营销和品牌推广部门，而有一些企业则会把市场营销和品牌推广直接整合到买货部门。但无论如何配置，相关人员都会很大程度上依赖买货团队提供的最新产品线、爆款、潜在问题以及其他直接相关信息。

买手们还会在形象大片拍摄、媒体曝光和其他对外的市场交流活动中提供帮助，尽管这并不常见。但是，买手们会尽可能地协助市场营销及品牌推广活动，帮助买手自己和周围同事完成他们的销售任务。

出版物和媒体

买手需要经常与其所在的零售商的公关、宣传媒体工作人员交流，为的是让新产品登上时尚杂志以带动销售。买手应该做好准备和他们的公关进行洽谈，进一步帮助他们编写特辑或者评论。旺季前的新闻发布会是向媒体展示新产品系列的好时机。届时，买手将会出席并介绍新的产品。

贸易机构、组织和慈善机构

广义上看，贸易机构和组织也要在时尚市场信息方面向买手寻求援手。一些是以法律为基础的，如交易标准和税收关税；另一些则是自发的或以社会为基础的，如商会、协会或者当地慈善机构。这类寻求帮助的要求范围和大小因国家而异，但任何一个长期服务的买手都会愿意协助。人们都想与买手沟通交流，因为在这个时尚产业链中，他们被视为至关重要的链接点。

学院和大学

越来越多的买手们被请去给各种各样的学术机构、时尚培训课程做演讲。许多时尚学校以他们古老的学院或校舍为荣，而另一些时尚学院则因提供了正规可靠的实习、实训而备受喜爱。

时尚买货步骤

有多种原理可以解释为什么消费者会做出购买决定。而大多数人认同的说法是——有共同的潜在动机促成了消费者购买特定商品,而这通常在事后才被反映出来。买手们需要提前了解这些动机,以及其他重要的消费者行为理论和方法,以便更好地赢得他们的目标市场。

购买周期——了解消费者购买习惯

20世纪50年代,亚伯拉罕·马斯洛(Abraham Maslow)提出了关于人类动机的最早(也是最流行)理论之一。个人在成长过程中要经历5个需求层次,每完成一个层次,然后才能进入下一个层次。马斯洛将各个层次(按先后顺序)确定为:生理/心理需求、安全需求、社交需求、尊重需求,最终达到自我实现的最高需求(图1-5)。买手可以评估他们的目标消费人群属于哪个阶段,并制订与之相关的下一季买货计划和定价策略。

另一个有趣的模型是决策判定理论概念(图1-6),它引入的是一种可以全面评估消费者如何购买商品的方法。买手虽然很难预见消费者个人购买的选择,但买手可以使用这个模型来确保消费者更频繁地从货架上买走商品,同时确保质量下降、板型和流行趋势变化等问题不会阻碍大众消费者继续持有这些商品。

掌握了这个决策判定理论,会让买手更深入地了解目标消费者的想法。然后买手可以根据其所服务的零售部门做出理性的判断:他们是应该为快时尚市场(在本章的后面部分讨论)来制订下一季的买货计划,还是应该选择投资于更经典的产品,并用这些产品来继续承载所谓的时代精神。

消费者购买动机

一名优秀的买手对其目标消费者的行为十分警觉,并能够通过综合下面列举的三类消费者购买动机捕捉到他的目标市场:

理智型动机
具有这一类型购买动机的消费者能够冷静地分辨自己是需要而购买,而不是想买就买。他们能够理性消费,并且注重质量、细节和售后服务,其购买目的更倾向于日常生活必需品。

情感型动机
这类消费者购买商品时多基于自己日常生活中发生的一些事件,这些事件会引起他们的某种情绪,或者一件特定的事物会带来某种情感。例如,一位女士在购买一件奢侈手袋时因为受到了某种情绪的推动而想满足自己。她其实并不是真的想要这个手袋,只是兴奋的情感或一种潜在的对更高薪水水平的幻想促使她去购买。这些购买行为通常能够满足的是对消费者声誉、地位的认可,而非日常消费的需要。

惠顾型动机
这是基于消费者某种个人偏好而产生购买动机的情况。比如品牌忠诚度或者消费过程中的服务。具有惠顾动机的消费者倾向于频繁地在同一家零售商购买并依附于它们。

自我实现

尊重需要

社会需要

安全需要

生理需要

图1–5、图1–6　时尚购买行为原理

时尚买手利用人类的行为理论来更好地理解他们的顾客，比如马斯洛的需求层次理论和决策判定理论。买手们长期以来一直研究这些理论，旨在发现隐藏在时尚消费者购买模式背后的依据。

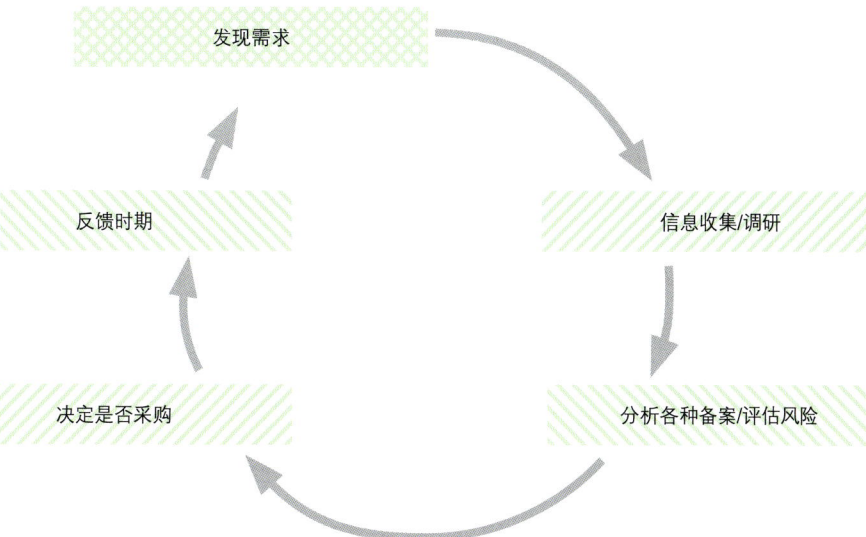

了解消费者市场

当今全球的消费者有着前所未有的对时尚的热情。时装不再只是为富人所有——这个社会已经开始时尚大众化进程,几乎所有人都能轻易接触时尚。那些追求个性风格的人们能够随手找到平价的时装;时尚不再是以购买昂贵的名牌为标准。因此聪明的时装买手会在日常工作和生活中紧密观察身边人们的穿着。街道便是许多潮流走向的开始。

基于诸多因素,了解现代消费者购买需求对于时尚买手而言变得越来越难,下面讲几个原因:

- 如今,时尚影响的范围更广,传播更快,它就像病毒般迅速通过社会媒体传播到世界的角落落。
- 消费者对于变化和新事物的需求在不断膨胀。
- 发达国家的人们通常有着更高的可支配收入。
- 不同文化群落之间的社会联系不断加深,导致买手需要更深层次的时装觉悟,并时刻保持与时俱进的心态。
- 时尚媒体煽动并到处渲染形成的社会压力和同类群体压力,使流行趋势更替变得更加快速。
- 从全球视角来看,甚至具体到商务领域,人们的着装从正装到休闲装,都在发生巨大的变化。
- 总体来看,时尚变得不再那么突出性别,中性着装风格被男性和女性所认同。
- 电商打开了海外市场的大门,令时尚流行的全球化趋势日益明显。

图1-7~图1-11　风格部落

当今的时尚风格正在以史无前例的速度改变世界。科技使那些对时尚敏感的消费者能在第一时间得到时尚咨询，并更能在个人穿搭风格选择和服装购买时展现其创造性的一面。

时尚买手需作一名热情的守望者，时刻关注社会和流行的变迁。这种类似个人调研的行为大多是非正式的，通常买手——就像设计师一样——会把日常获得的照片、搭配和图片的剪贴簿保存起来，作为买货时的灵感源，这些灵感源以后也可以拿出来不断参考。那些为大型时装零售店工作的买手们还会定期去夜店，以确保他们能跟上街头时尚和亚文化潮流。

随着社会和文化的发展变化，时尚市场与其他的许多消费市场已经被分割。在今天的西方社会，消费者倾向于形成自己的风格，创造自己的装扮，或者成为小众潮流的一部分，而不是仅仅遵循大众的时尚。在西方，流行趋势是由独立的个人组成的整体激发的；而在东方，社会作为一个整体——尤其是家庭单位——仍然受到高度重视，这也影响着时尚的消费方式。

因此，时尚买手需要保持对社会变迁的警觉，观察变化不断加快的潮流趋势。对于当今的时尚买手来说，了解更小的细分市场的需求已经变得越来越重要。每个细分市场都在不断地改变，改变品牌忠诚度和时尚品位。从一而终的时尚时代已经一去不复返了，"快时尚"的理念正在快速广泛传播。

"时尚易变，但风格永存。"
——可可·香奈儿

快时尚阐释

术语"敏捷营销"（Just In Time，JIT）被看作"快时尚"一词的前身，这个术语如今还在被业界经常使用。敏捷营销源自日本汽车制造业的模式创新，它缩短了供应链的前导时间，减少了库存，使供应对短期需求反应敏捷。

快时尚没有官方的定义，只是指代以最便宜的价格，尽可能快速地获得最新秀场或者其他时尚场所的服装。快时尚是一个术语，特指是在几周时间内，且花费有限经费，由高街或者主流时尚企业重新诠释高端设计师秀场（特别是高级时装）款式的术语。其背后的含义是：为消费者提供服装所需的交货时间越短，竞争对手抄袭同款服装销售的可能性就越小。从理论上讲，市场上最快的竞争对手应该是第一个进入市场的人，它希望能从一个新的趋势或产品线中获得快速的利润。

能够快速贯通时尚、看透流行是一个优秀买手的标志。这是因为，即使是最新的流行款式，如果存货太久或者随着需求日减，就会给企业带来大量的库存压力，而最后卖掉这些库存产品时只能是微利或根本无利了。因此，大多数时装公司都致力于不断采用快速反应的方法来满足消费者的需求，以缩短生产周期、提高公司的整体效率。毫无疑问，生产商、买手和物流经理需要加快反应速度，买手也不得不在他的季节买货计划里留出更多的机动空间，以确保自己届时能够快速买进新的潮流款式。毫无疑问，选择快时尚的企业越来越多。此时此刻，它正是消费者最想要的。

快时尚的优势及对顾客的好处

- 商店更快改变产品线，给消费者提供更多的选择，从而有更多的购买选择。
- 产品线的频繁变化，导致撞衫的概率大大减少。
- 店铺中的产品始终是最新的，更令消费者流连忘返。
- 顾客可以在很短时间之内买到秀场或者名人穿的同款产品，而且价格更实惠。
- 消费者能快速找到想要购买的产品，从而产生更大的消费欲望，并且减少被浪费的购物行程。
- 消费者能够在大概一个星期左右的时间内穿到和明星、名人或者模特同款的衣服，从而得到心理上的满足（情感型动机使然）。

"时尚更替非常之快，稍纵即逝，我想这就是其中最大的问题，没有什么再是经典永恒的了。"

——亚历山大·麦昆
（Alexander McQueen）

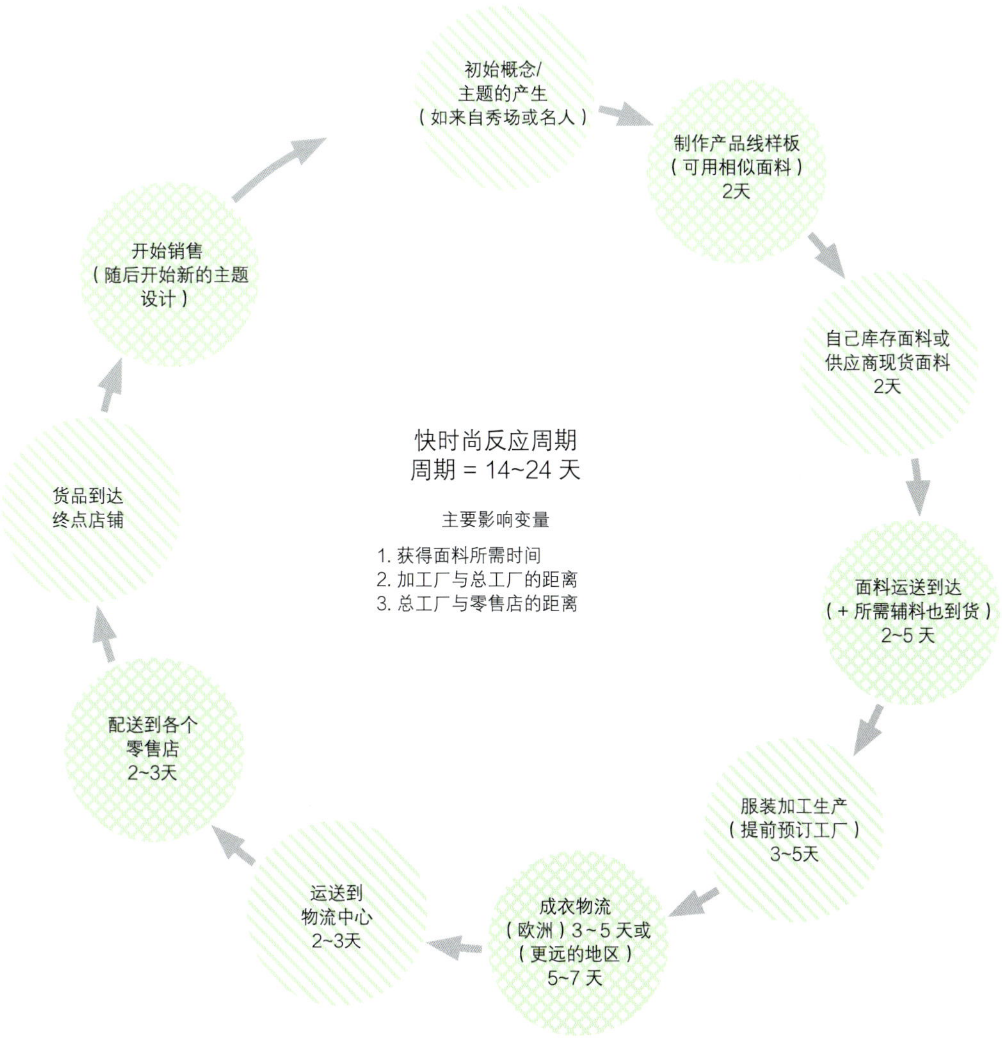

快时尚反应周期
周期 = 14~24 天

主要影响变量
1. 获得面料所需时间
2. 加工厂与总工厂的距离
3. 总工厂与零售店的距离

流程（顺时针）：

- 初始概念/主题的产生（如来自秀场或名人）
- 制作产品线样板（可用相似面料）2天
- 自己库存面料或供应商现货面料 2天
- 面料运送到达（+所需辅料也到货）2~5天
- 服装加工生产（提前预订工厂）3~5天
- 成衣物流（欧洲）3~5天或（更远的地区）5~7天
- 运送到物流中心 2~3天
- 配送到各个零售店 2~3天
- 货品到达终点店铺
- 开始销售（随后开始新的主题设计）

图 1-12　快时尚周期

快时尚的货品周转速度非常快。买手与加工厂的关系越好，从筹备原材料到加工制作，再到配送所用的时间就会越短。如果买手与供应商缺乏紧密关系，这一过程则需要花费更长的时间。对于时尚度较高的产品来讲，上架越早，就能越快达到预计的销售目标。

具体产品的买货

买手第一次参加工作时，往往是被分在某一个部门（如女装部、男装部、童装部或家居服部）工作。他们会再被安排到部门下面的产品品类中，如针织品、机织品、饰品等。女装对于那些刚入行的买手来讲常常是最容易接触到的产品类型，尽管男装和童装现在也有很多职位机会。尤其是对于快时尚来讲，男装与童装部门是近年来发展最快的。

女性的衣橱通常会比男性和儿童有着更多的服装品类。全球来看，女性每年在服装上的花销会是男性的两倍甚至三倍。对于这个现象没有太合理的解释，尽管大多数人认为这是由于女装产品的复杂性造成的。总体来看，全部服装可分为两大类型——正装（Formal）和休闲装（Casual）。社会的变迁正在营造出对于日常着装越来越休闲化的需求——在许多商业场合，女性休闲服装也正被渐渐接受，变得习以为常了。

产品类型的等级分化

不同的公司运营模式下，再加上各企业营业额的大小不同，可能会将几种产品类型置于一个买手之下。例如，牛仔裤和西裤有可能会分配给同一个买手。同样，各种品类的配饰产品也都会打包在一起，交由同一个买手分管。每个企业有其自己的产品类型划分标准——但一般来说，就像下面列举的这条连衣裙，每件产品都会有自己独一无二的编号/批号，便于身份区分以及电脑登记操作。

性别分类	女装
产品类型	外衣
款式类型	正装礼服
品类	晚礼服
子品类	长晚礼服
具体产品线	晚装产品线中的一个款式
尺码与颜色	具体的尺码、颜色、图案

图1-13~图1-15　女装品类划分
尽管买手在其负责的服装品类独立工作，但仍然需要与其他部门保持沟通交流，以确保新季度所买进的服装风格统一。

女装品类划分

外套类
外套、夹克、斗篷和西装

连衣裙类
A字裙、长裙（至脚踝）、迷你裙和连衣裙

上装类
宽松衬衫、纽扣衬衫、无袖上衣、毛衫、T恤、马甲背心

下装类
半裙、短裤、牛仔裤、休闲裤、裙裤、紧身裤、打底裤

配饰类
包、腰带、围巾、手套、珠宝、帽子、太阳镜、鞋履、袜子以及时尚科技饰品

内衣类
睡衣、内衣、泳衣

男装

男装的产品种类要比女装少很多。放眼全球，正装正渐渐向便装发展。男装流行趋势不如女装的那么极端，但其主要的三个品类和女装基本相似：外套、配饰和内衣。

图 1-16 男装

今天的男装已经不再那么正式，变得更加随性，也给买手们带来更多在前卫时尚元素中搜寻和进货的空间，比如带有运动元素的服装。

男装品类划分

外套类
西装、大衣、帽衫和夹克、裤装、牛仔裤、短裤和衬衫

上装类
纽扣式衬衫、T恤、毛衫、针织卫衣、马甲和背心

下装类
牛仔裤、运动裤、休闲裤、短裤

配饰类
手套、帽子、围巾、腰带、背包、领带、短袜、珠宝、太阳镜和时尚的科技配饰

内衣类
家居服、内衣、泳衣

图1-17 家居用品、生活方式配饰
当今许多零售商都在他们的店里混合了家居用品和小饰品,创造出一种名为生活概念馆的零售形式,就像在这家Fabrice LeRouge店中所展现的那样。

家居用品、生活配饰

零售商渐渐开始投资于生活用品,也给消费者们提供了更多的时尚周边产品。买手正在快速地学习并掌握如何将这些家居产品融入时尚产业。如今的消费者几乎都有平板电脑或智能手机。随着传统的商业办公环境的过时,我们看到了生活方式或技术配件,以及小型家居用品出现在越来越多的零售店中:从笔记本电脑包到时尚耳机。这一趋势日渐明显。

童装

童装可能是所有市场中最复杂但最有盈利空间的。婴儿、幼儿、孩童、青春期少年和青少年,每个阶段都有着不同类型的衣着需求。童装产品在销售中考虑更多的是不同年龄的尺码与身高因素。

零售环境与买手

对于买手来说有一点十分重要，他们不仅要关注买货所针对的消费群情况，他们还要关注销售下一季商品的店铺环境，不管是实体店还是电商平台。零售店类型不仅会影响顾客的消费行为习惯，还会左右顾客和店员接触与沟通的便捷度，并直接影响买手店的销售业绩增减，从而迫使买手不得不提前对未来销售的商品的组合和定价进行战略性规划。

买手和零售店员的关系

对于买手来讲，成功销售的关键在于要和所在的实体店管理团队保持一种融洽的关系。对于每个成功的时装企业来说，训练有素、并且消息灵通的销售团队都是很关键的。因此买手要在他负责的品类和零售店之间维持紧密而一致的有效沟通。通过买手团队和零售店管理团队之间强有力的沟通，将会建立一个能够共同协作，创造销售业绩，并推动更高客单量的商业环境。团队合作的共同目标就是创造更高的利润。

老练的买手通常会花费至少一天或者两天去调研他的零售店，查看他负责的品类在当地的销售情况。在销售旺季抽时间做这样的事是最有效的方法了。通常买手会基于销售业绩，由店铺销售团队指定某个时间段，一般会在周五到周日。当然有时也会选在其他销售高峰时间，比如周一到周五的午餐时间。

在销售繁忙时段走访店铺，会让买手观察到消费者是如何完成购买的；买手的到来也为零售员工提供了反馈零售市场信息的好机会，对其销售过程中的成功经验与潜在问题提出有价值的反馈意见。

买手们也会和零售店经理们不时交流，交换关于产品的各种看法。当然毫无疑问地，买手还要去调研竞争对手的店铺，以便及时掌握对手在新产品上的铺货情况。一些时装零售商将每周五定为店铺走访日（下店日）。没有定期下店的买手对于市场上随时发生的商情会反应迟钝，对未来趋势的视野会变得狭隘，也会让下一季采购计划的制订偏向买手自己的主观喜好，而非消费者的真实需求。

因此，有些企业会让他们的买手团队在一些重点城市巡回调研过程中对下一季的产品进行路演，让那些零售店铺预先感知下个季节的关键商品组合，向主要的零售员工讲解下一季产品的颜色系列、板型变化以及新品牌的发布。

这些路演经常在酒店或者培训室里举行，有时候还会举行一场小型现场时装秀，增添一些噱头。目的是培训、鼓励、激励零售店员更好地销售下个季节的产品。在这种季度性的展会上，高级零售管理人员也将出席，看看目前市场和下一季的销售重点是什么。

大多数时装企业还会给他们的零售店发布周报，及时通知他们零售中的问题、促销计划、改变

> "买手团队与零售店管理团队之间强有力的沟通将营造出一个双方协同推动销售和提升业绩的工作环境。这个团队合作的目标一致且明确——创造利润。"

图1-18 实施质检

买手需要在零售店对销售的产品进行复审,查看产品质量,并了解消费者对产品的初始反应。

的优先权以及其他一些和零售交易有关的内容。这种做法对当一个买手需要零售店员帮助去积极主动地促成某一个SKU(最小库存单位)的销售时显得尤为关键。因为这关系到如何从繁重的季节采买中获取利润的最大化。

通常,买手们和企划人员会每周写一次关于他们的部门工作汇报。汇报的重点是供应商退货(Return To Vendor,RTV),原因是板型或是质量问题。关于产品组合的及时内部沟通(已有成功或潜在机遇)是使零售商在竞争中保持领先优势的有效方法。

零售业态类型

以下这一点买手需谨记：服装业是一个商业的、营利性的行业，和其他行业一样，它的开始和结束都与顾客有关。研究顾客消费行为与购买模型变化可以引领时尚的发展，创造并满足顾客的需求。服装零售商可以选择多种业态进行零售，从百货商店到折扣店。买手必须了解不同的零售业态，以及各业态类型在国际上的运作模式。

百货商店

这种类型的零售业态销售面积大，通常分成多层，它们大多位于大城市，但也一些进驻了郊区的购物中心。百货商店出售的商品琳琅满目，从高级时装到电子产品，也有一些专业性的百货商店将商品品类集中在更窄的范围中。

百货商店面向的消费群比大多数零售业态要广，例如著名的百货商店有伦敦的塞尔福里奇（Selfridges），巴黎的老佛爷（Gallerues Lafayette）和纽约的巴尼斯纽约（Barneys）。

专卖店

这种业态的零售空间有大有小，它们通常是大型连锁店的一部分，拥有旗舰店。这些零售店可能以性别划分，也可能是专门面向家庭的（将男装、女装和童装合在一起）。根据不同的市场定位，它们通常有低档、中档和高档之分。专卖店基于其产品与市场细分，服务对象定位为较窄人群。低档专卖店的例子有美国的Old Navy和英国的普利马克（Primark）；比较典型的中档专卖店有盖璞（Gap）、Monsoon、J. Crew、Kurt Geiger、薇斯莱斯（Whistles）和Topshop；而高端专卖店通常要么是地域性的知名品牌，要么是国内知名品牌，比如英国的耶格（Jaeger）、巴利（Bally）和美国的爱丽丝+奥利维亚（Alice+Olivia）等。

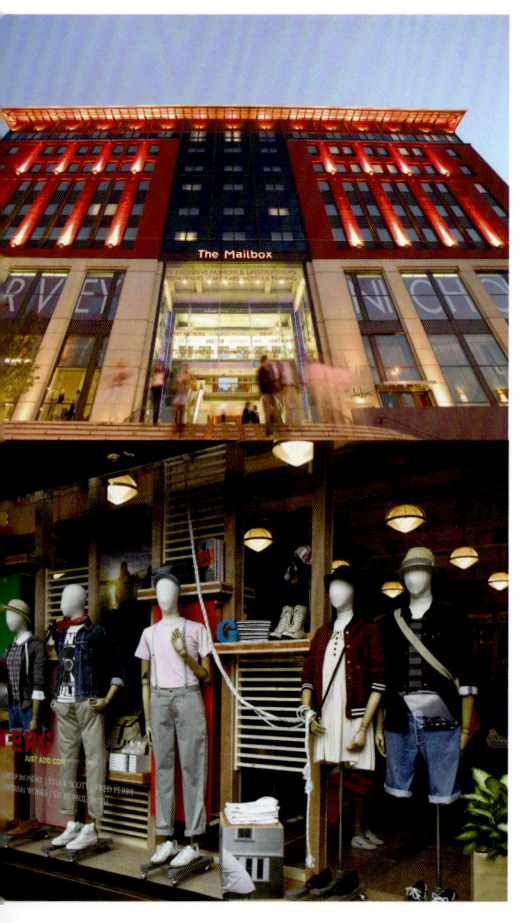

图 1–19、图1–20

服装零售商基于不同零售业态有着不同的目标客户。百货商店，如哈维·尼克斯（Harvey Nichols）就为大众人群提供了一个范围广阔的产品组合；而专卖店，如Urban Outfitters则为较小的人群提供服务。

图1-21　服装和时尚的统一

时尚的层级划分在当代社会不同层级中是可交替和被市场化的，既有国内的家庭换衣派对，也有像高级时装定制这样的百万英镑市场。

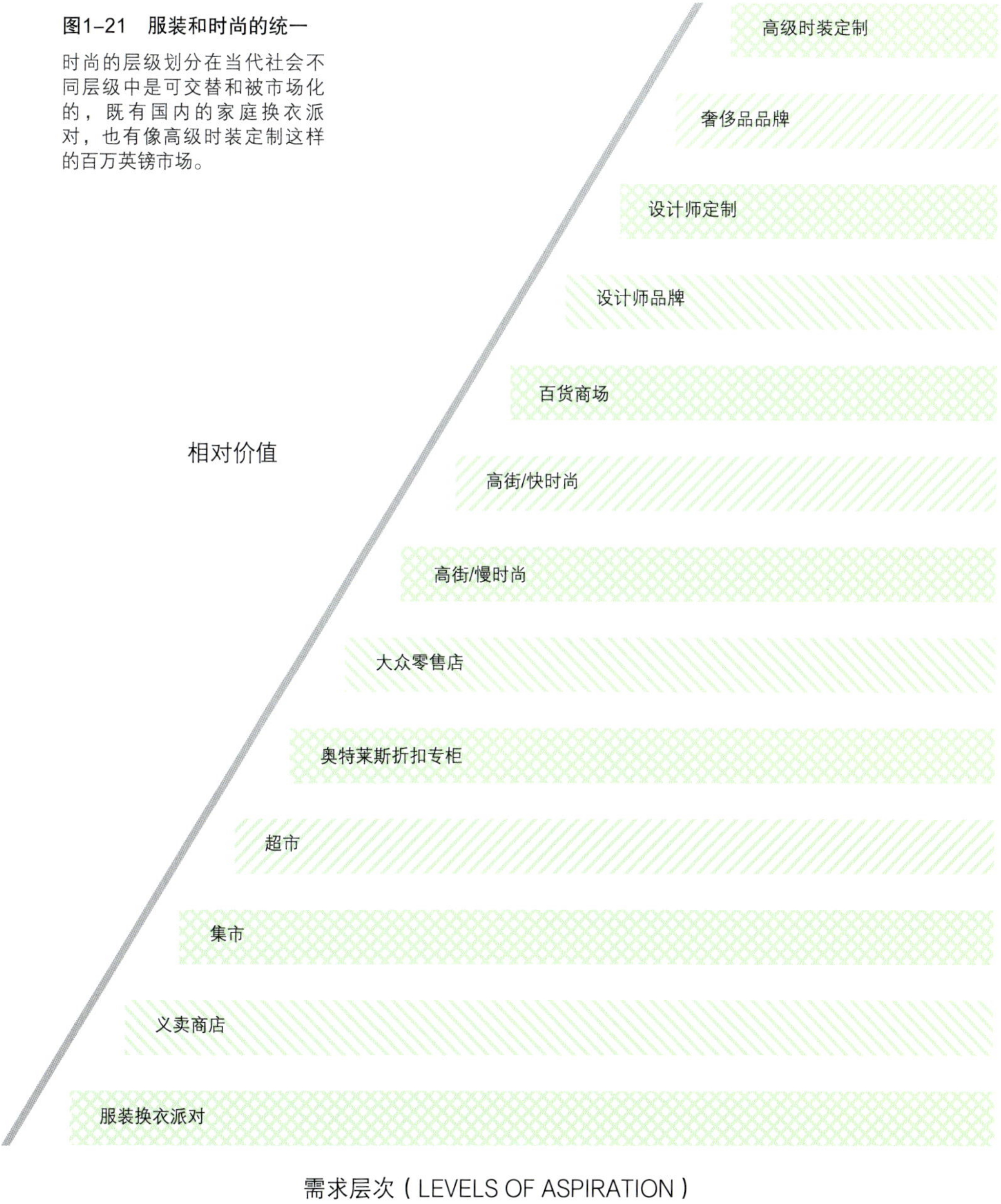

相对价值

- 高级时装定制
- 奢侈品品牌
- 设计师定制
- 设计师品牌
- 百货商场
- 高街/快时尚
- 高街/慢时尚
- 大众零售店
- 奥特莱斯折扣专柜
- 超市
- 集市
- 义卖商店
- 服装换衣派对

需求层次（LEVELS OF ASPIRATION）

图1-22~图1-24 市场分级

时尚零售可划分为许多不同的类型与级别,它们都有各自的细分市场。如像巴尼斯纽约(Barneys)(图1-22)这样的百货商店; 像凯特·丝蓓(Kate Spade)(图1-23)这样的多渠道、多店铺的专卖店;再如像ASOS这样的大型电商平台(图1-24)。

精品店

精品店通常为一到三家独立经营的小型零售商店。它们提供的产品品类较窄，销售的货品来源为他人的时尚品牌（但有时也售卖店铺自有品牌或定制设计）。这类店铺的产品通常价格较高，往往有选择性地补货，所以产品数量通常有限。精品店中，店主（主理人）通常既是经理也是买手。

折扣店

这种外形通常像个大盒子一样的购物场所，类似于百货商店。但它们通常只出售低价打折的商品。它们的盈利模式是通过大量买进商品并售卖给消费者来获利。在这里售卖的品牌不会是高级时装，但是它们仍有着强大的市场支持。折扣店生意出售的商品从时髦服装到日用化妆品，应有尽有。著名的折扣店有欧洲的乐购（Tesco）和美国的塔古特（Target）。

超市和大卖场

过去，超市和大卖场主要销售食品，但为了获得更高的利润，许多公司现在都在储备自己的服装品牌。这一动向在英国和加拿大的市场尤为强烈，也在逐渐袭入美国市场。例如，加拿大最大的食品零售商The Loblaw Cos 旗下的服装品牌Joe Fresh近年不断向美国扩张，增加开设独立实体店。

工厂直销店和打折村

工厂直销店最初是建造在厂区门口，用于清理残次及过量库存的。如今，越来越多的高端和中端品牌在这些偏远的零售场所销售过剩的、有残次的产品和一些独家产品。大型的打折村最初是美国人提出的想法，但这个想法很快在全球范围内传播开来，并且可以在大部分主要国家［比如英国的比斯特购物村（Bicester Village）］找到。

古着店、义卖店以及旧货店

二手复古服装现在已经逐渐成为一个重要的时尚形态。可持续利用和向上升级换代是造成这种形态的主要驱动因素，同时消费者对独特个性产品的需求也在增加。仅在英国，就有大约7000家出售二手服装的慈善商店，而且这种商店的数量正在全球范围内蔓延。许多低收入家庭出于需要会选择这些零售类型；而许多时尚达人选择古着店和旧货店，是为了给她们的私人衣橱增加点独特之处。

电子商务

在过去的100年里，服装产品画册是一种广泛使用的服装零售形式，特别是对那些生活在偏远或乡村地区的人们。在信用卡出现之前，产品画册还提供了消费信贷。虽然产品画册模式现在还在使用，但逐渐被电子商务或者所谓的电子邮件所代替了。后者为消费者提供了便利的购物方式，可以在任何地方进行购买。零售商可以通过个人电脑、智能手机和平板电脑与全国各地的消费市场链接。

其他类型的零售店

机场、火车站、医院和大型办公楼现在正在利用闲置多余的场地来整合不同的零售商类型。一些公司经营短期的快闪店，或组织家庭、办公室形式的销售派对——时尚的销售看来是没有界限的。此外，小品牌或设计师们可以通过特许销售形式在大型零售商的门店内共同租用空间，按周销售额支付租金（或合约金额）。这些提供独特零售场所的服务是传统零售业态无法提供的。

全国品牌VS自有品牌

当代时装零售商的盈利模式有两种，一是自己开发制造产品，然后在自己零售渠道中销售获利（自有品牌买货）；二是从品牌商或者设计公司购买品牌成衣再加价高卖获利（他人品牌买货）。像百货商场这样的零售业态中往往会兼而有之。

买进的他人品牌又分国内品牌与国际品牌两种。针对这些品牌或设计师名字，买手应选择适合自己零售范围，并清晰地依照产品分类进行买货。买手所选取的品牌应是那些最能满足自己客户需求的品牌。这通常是一种编辑和组合的工作。因为在季节性的买货过程中，几乎没有一个零售商可以将他人品牌提供的全部产品买进。这类买货行为，通常不会涉及买手对每个品牌或设计师初始开发的产品。

无论对小型独立时装店还是大型百货公司，采购他人品牌成衣都是通常采用的方法。区别在于，后者由于买货的价格和品牌经营成本都较高，利润往往较前者要低一些。

另一方面，自有品牌买货模式在方法上需要比买进他人品牌产品更具创意和原创性。在这种模式中，买手需要协助设计师创造和寻找灵感，之后他们一起选择适合当季的服装产品。每件服装产品不论是由外包设计师还是公司内设计团队设计的，都应是独有的设计。一旦完成了具体的产品线企划，买手的工作就是要确保获得最优的成本价格、合适的工厂采购以及沟通可行的交货日期。

运用自有品牌模式经营的零售商往往会获得更高的利润。因为它们直接从工厂批发，实现规模化采购，可将采购成本压到最低。在许多情况下，零售商还会采取"品牌即是商标"的做法，即零售店内的产品都共用同一个商标，而这个商标也同时用作公司和店铺名称。例如像盖璞（Gap）、H&M和Pink等零售商都采用这样的经营模式。自有品牌买货模式一方面可以带来更高的利润，另一方面在每季的产品开发时也要耗费更多的时间与金钱。

图1-25、图1-26　全国性品牌和自有品牌
在大型专卖店或百货商场中可以看到许多全国性服装品牌，同时许多零售商只在自家店铺销售它们自己的品牌——比如H&M。

案例学习

凯特·鲁克（Kate Ruque），奢侈品时尚买手

凯特在肯特州立大学学习期间主修时装商品营销，辅修市场营销。她曾在该大学的纽约工作室学习，那里是全球时尚零售的心脏。就是在这期间，她有机会在著名时尚百货公司波道夫·古德曼（Bergdorf Goodman）实习，做女装的买手。完成学业后，凯特获得了波道夫·古德曼的全职职位，并继续在实习时就职的部门担任买手助理，主要负责像艾利·塔哈瑞（Elie Tahari）、DVF、希尔瑞（Theory）、华伦天奴（Valentino）等高端品牌的采买。

在波道夫·古德曼（Bergdorf Goodman）工作了几年之后，凯特尝试转战于其他奢侈品市场，比如在女性成衣品类作买手助理。她管理类似于拉夫劳伦（Ralph Lauren）、博柏利（Burberry）、布鲁诺·库奇利（Brunello Cucinelli）等品牌的实体店与网络平台。她大部分工作内容是管理如何从多渠道零售方式向更现代化的全渠道零售过渡。在这过程中，她意识到：向全渠道商业的过渡远比只是在实体店和电子商务做好产品分类更重要。一名买手必须确保他向顾客传递的时尚信息在所有零售渠道都是一致的，特别要防止两个主渠道之间的恶性竞争。

目前，凯特在高端女装设计师市场担任高级企划师助理（企划师是现代零售企业中与买手配合的职位），并负责像巴黎世家（Balenciaga）、圣罗兰（Sain Laurent）等奢侈品品牌。她在行业内的快速成长以及在零售市场中与高端奢侈品牌的持续互动，为其在业内创造了良好的声誉。

图1-27~图1-29　时装周

作为一名买手，凯特和同事们投入大量时间参加不同的时装秀，来为自己的新季度买货寻找灵感。

专访
凯特·鲁克

Q：时装买手和企划师有什么不同？
A：买手的工作是直接与产品相关的。事实上买手会为目标市场进行下个季度的产品分类，每季度会处理和产品相关的各种事项，包括监控反馈、协商RTV（给商家退货）等。企划师的角色比买手更善于分析，更不受产品本身驱动，他们需要制定买手参考采买的季度财政计划。他们也会管理OTB（阶段补货，又称敞量购买），以指导买手在季度内做出能最大限度提高盈利能力的决策。

尽管角色不同，买手和企划师的工作是紧密关联的。为了让他们工作得更好，买手必须对产品背后带来的经济效益有更全面的认识，不能在没有了解之前盲目决定。同理，企划师也不能仅从财政报表了解商业。他们还须了解产品组合或设计美学的变化、不同市场需求的差异，以及整个行业趋势对于财务绩效的影响。在每天工作的最后，买手和企划师都要紧密合作以便达成复杂的整体目标。

Q：你怎么选择可能改变你采买决定的那些趋势？
A：我们的许多趋势方向都来自于零售机构中的时尚分析部门。因为时尚总监们都是那些可以直接从设计师那里看东西的人，我们会向他们寻求方向的指引。我们通过观察他们，作为接下来该采买哪些产品的参考。时尚分析部门有着更为广阔而全面的对于行业趋势的了解，因此考虑他们的反馈，并在当季对顾客传达一致的信息变得至关重要。

Q：你都会使用哪些不同的工具来保障季节性采买的准确性？
A：在去市场与商家见面之前，我们先会查看各种不同的材料，并为之作很多市场分析。首先也是最重要的，如果我们要发展、保持或者弱化一项业务就必须了解和分析商业形势。这也影响了我们未来如何做财务预算。我们会对上个季度的绩效进行分析，比如按品类查看库存和销售比，以确保买进的产品达到库存平衡。例如，如果去年裙子品类销售额占总销售额的80%，而进货量是进货总量的20%，今年我们就可能会需要增加裙子的进货量。同时会查看上个季度不同的款式销售量。很多时候，设计师喜欢一季接一季地设计相似款式，如果某种款式去年卖得不好，那么下个季度我们可能不会再买进了。就像之前说过的，我们会考虑时尚分析部门为下个季度所做的买货参考。作为一个时装零售商，当然想要尽可能地将这些趋势融入买货过程中去。

Q：你和为之买货的零售店多久沟通一次？对于你来说这个交流有多重要？

A：我们每周会与零售店沟通一次。当然，你会自然而然地和销量更大的那些店铺有更多的交流。他们的反馈很有价值，因为他们是你与顾客沟通的生命线。我们甚至会带着一些店铺的顶级销售员和我们一起去市场，一起为他们自己的商店下单。另外，我们为之买货的市场其实很多样化。比如我们比较容易理解纽约市场的顾客心态，而对于那些城外店铺，就要通过与它们的沟通才能知道这些特定市场的消费偏好与趋势了。

Q：买手这个角色最具挑战性的是什么？什么又是最有回报价值的？

A：在我看来，买手这个工作最具挑战性的是要寻到平衡点。说到产品，你要在相信自己的直觉，在分析各类信息情报，在上一季的销售结果这三者中找到平衡。你需要权衡风险，既要冒险买入时尚前沿的品类从而树立你在行业里的时尚标杆地位，同时又要保证有利可图。另外，你需要把供应商和店铺的想法，与你想表达的融为一体，达到和谐完整的统一效果。其中最值得关注的就是深思熟虑后得出一个集成的买货方案，并且通过整个季度的售卖来检验你的成绩。将市场策略化，与你的企划师和供应商合作，执行一个周全的买货计划，然后看到顾客对这个计划的积极反应，这是一种很棒的感觉。

Q：如果你有机会向将要进入时尚买手行业的人给出建议，那么你会说些什么？

A：我鼓励任何人，尤其是学生，到尽可能多的公司实习，以充实时尚职业生涯。你可能意识不到时装界其实有很多可供你选择的职位。而且，现实工作与你在学校里期待的样子常常不同。实习允许你先试试水，而后在毕业时做出更加明智的决定。此外，你在实习期间获得的"关系"也可以为你更好地赢得全职工作机会。最后，我想鼓励那些想从事时尚工作的人尽可能地构建行业人脉（包括与你一样的菜鸟以及行业的前辈）。时尚界是一个内在联系紧密的圈子，你在这里建立的关系将会对未来的职业发展帮助无限。

> "为了更好地完成工作，买手必须对产品背后的财务逻辑有深刻的理解。因此，不能盲目地做出决策，而不清楚这些决策导致的财务结果。"

总结

本章阐述了买手在创造基础性盈利的这个职能上对于一家企业或公司的重要性；同时探讨了成为一名出色的买手需具备的个人属性和技能；诠释了时尚买手在团队中扮演的角色，以及在买进他人品牌与自有品牌产品时的工作差异。此外，还广泛地讨论了女装市场，并对男装、家饰和童装等品类的市场特点进行了分析。同时介绍了买手可能会工作的多种不同的零售企业类型——我们发现并不是所有的时尚买手都是高高在上、为高级设计服务的。

问题与讨论点

当我们清楚了怎样成为一名优秀的时尚买手，以及他们如何在当今竞争日益激烈的市场中摸爬滚打时，你需要对下面一系列问题更加深入地思考了：

1. 你认为你是否具有成为一名优秀买手所需的重要技能与属性？如果有，是哪些？
2. 哪项技能或属性是你想要更深入了解并学习的，为什么？
3. 你是否认为采买女装比男装或童装要简单？如果是，为什么？
4. 相较于从现成的他人品牌或设计师系列中购买商品，与从供应商及设计师处购买（贴牌）创建一个全新的自有品牌产品线，你认为哪种类型的买货更适合你，为什么？
5. 你是否认为时装只能从高端设计师那里或者高端商场里买到？为什么？
6. 你个人喜欢在哪种类型的店铺里购物，为什么？

练习

1. 假设你将要为一家定位于16~22岁女性顾客的时装企业招聘一名买手,请将第1章中的技能与属性按照重要程度进行排序,并列出你选择的理由。

2. 与朋友一起去你最喜欢的时尚购物商圈,你是否能找到第1章所描述的各类时装零售店的一些例子,并在每种零售店类型下写出尽可能多的店铺名字。

3. 换一个性别再次完成问题2——这次你是否觉得比上次的任务更难完成?为什么?

4. 使用你在问题2列出的回答,标记出那些你不经常光顾的店铺名字,看看多不多。再写出你为何不经常光顾这些店铺,进行总结。最后,对比你与朋友们对上述问题的不同答案。

5. 光顾一家更大型的百货商店,并与商场销售人员交谈——你可以从她那了解到一些你可能从未听说过的品牌。在与她们交谈中,你要尽量从这些提到的产品线中分辨出哪些是自有品牌、哪些是他人品牌或其他设计师品牌、哪些又是寄售品牌。而且每种类型都试着找出至少两个例子来。

6. 与朋友一起挑选三家你们共同喜欢的时装零售店,对其分别进行调研,并就它们各自吸引你们的地方,写一些短篇报告。比如是商店、货品、店员还是其他什么原因最让你感到满意?

7. 试着锁定并光顾一家古着店、二手店或者义卖店、慈善廉价店,试着罗列出那些(如果有的话)你想买或穿的物品名单。如果没有想要的,也要写出理由。

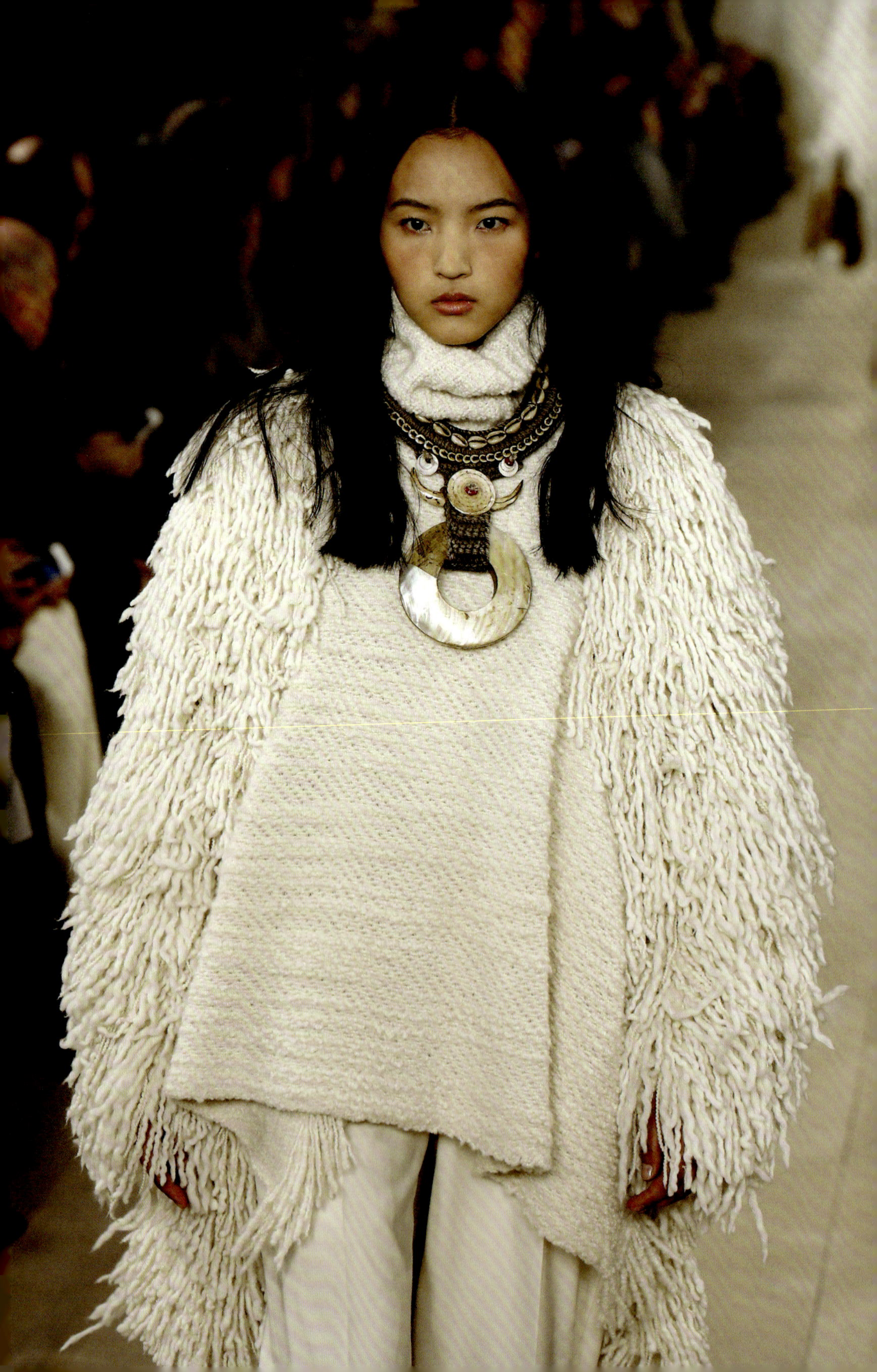

2 买货的灵感来源

时尚流行随历史而变,有时这种改变是翻天覆地的。早期人们试着去模仿贵胄与王室的装扮,同时各地的有钱人也会相聚传递并交流各自的时尚理念。像美国 *Vogue* 这样的时尚杂志就是最早传播时尚流行的大众媒介。它最初主要通过手绘素描,逐步发展到后来通过照片来传播了。

20世纪30~50年代,电影和电视开始成为国际时尚交流的主要媒体。法国、意大利,尤其是美国的电影,在全球拥有巨大的影响力。直至90年代,互联网络逐渐发展成为主要的媒体传播渠道。

如今,我们通过电子媒介,可以在很短时间内,在全球范围交流各自的想法。所以时尚流行的传播比以前任何时候都要快。这让时尚买手的工作变得更为复杂,必须更快地获得、整合、开发并掌握时尚趋势——最终将其转变成畅销的流行款式。

图2-1　2015~2016秋冬
拉夫劳伦(Ralph Lauren)2016秋冬发布流行趋势主题,重点通过层叠手法强调了产品的质地与廓型。

买手、设计师和市场

一名买手将会面临许多挑战。但就目前来说,最大挑战是如何制造一季既能满足国内市场又畅销国外市场的产品门类组合。在海外市场开店的零售商通常会分别针对国内与国际市场设立不同的买货团队,以确保能够准确地捕捉目标市场需求。

不同国际市场的差异

首先,在国际市场中,由于所处市场与职位不同,造成人们对许多相关联的专有词汇的理解存在微妙差异。例如,在美国,一名高级或资深的买手还很可能是商场某部门、品类的商品部经理。此外,"商品企划师"这个职位现在也越来越多地指那些从事产品组合调配与铺货方面的工作,同时还兼顾负责视觉企划策略(为加强产品推广、提升销售额而采取的,即对商品的艺术化陈列展示)。

在上述例子中,关键点是资深买手与商品企划师要一起有效配合,以确保产品的成功销售。值得注意的是,这些有关零售买手方面的专业词汇的意思,会因你工作的零售组织模式不同,或因你所在的国家不同而相互替换使用。

买手需要注意到的另一个显著差异就是国际市场的价值升降变化。如果一名买手同时为国内与国外市场进行季节性买货，则他需要对那些影响产品价格的金融因素保持警觉，如一种货币是否比另一种货币价值更高等。买手应该熟悉市场经济中各种可以影响海外商品定价策略的方法和手段。一件产品在国内外市场的定价即使一样，但受国际市场的汇率波动等因素影响，企业利润可能会远远低于预期。

对于一名优秀买手的工作能力会产生影响的其他因素还包括：①交期——样品、大货及其他任何有关跨国制作的产品交货周期。②关税——不同国际市场对于买进的产品是否需要缴纳税费或关税。

方便的是，通过互联网买手能够轻易地调查到这些信息，并在问题发生前把它们解决掉。互联网的广泛运用使得国内和国际零售市场之间的差距日益缩小。因此，当代的时尚买手还需对国际大事件时刻保持关切，以确保在激烈的国际竞争中立于不败之地。

一些有助于买手提升市场洞察力的国际商贸机构

国际时尚集团
一家负责与各类时装及零售设计事务有关的商业组织。他们为个人以及企业提供服务，帮助这些客户成为相关领域的专家。
fgi.org

VMSD
零售设计、商品企划、产品知识和行业新闻都是这家机构的强项。
vmsd.com

RDI
零售设计研究所，旨在促进零售环境的进步与相互协作。
retaildesigninstitute.org

FIRAE
国际零售协会高管论坛，旨在倡导并促进国际零售贸易协会之间的市场信息交流。
firae.org

POPAI
全球零售业协会，旨在为全球零售业提供教育培训与市场研究。
popai.com

图2-2 将产品引入新市场
在国际零售商业地产大会（MAPIC）上，一名零售买手正在对供应商的产品线进行调研。这类国际展会不断向原有市场引入新产品和新供应商，同时也帮助它们实现全球扩张。

"时尚"常常会被误贴上"昂贵"的标签。时尚买手采购时虽经常会碰到高端的产品，但事实上，时尚买手需要面对的是不同层级的市场。这很大程度上得益于市场的不断扩张，以及连带产生的时尚民主化运动。

如今，流行时尚不再仅仅是财富的标志了，也不再只有通过购买高价产品才能获得了。时尚产品在不同层级定位的市场中的传播速度越来越快，普罗大众也能触手可得。时至今日，有着强烈时尚感的消费者能够在有限的预算内买到很时尚的产品。与此同时，单靠粗暴地穿着昂贵的奢侈品或设计师品牌来瞬间"自动"变身时尚的功效也渐渐消失了。

有时这一现象被称作"Primark to Prada"效应，即指顾客不仅对高端市场产生的时尚趋势的敏感度越来越高，同时对那些主流时尚品牌或高街品牌的响应也越来越积极，他们可以用非常便宜的价格模仿和再现这些趋势。

买手还要研究与时尚变化相关的方向性理论，以便了解市场是如何影响不同的消费群体的，特别是要探查时尚趋势的发起者是谁，将往哪个方向发展，以及这个时尚趋势将会维持多久。一个趋势往往先会被较高端的市场发布，随后便会渐渐被较低端的市场演绎为更为便宜的价格，并被越来越多的人接受。恰恰是这种时尚变化流行趋势在广泛的零售商和市场部门之间交叉渗透的特性，创造出了千变万化的时尚买手工作。

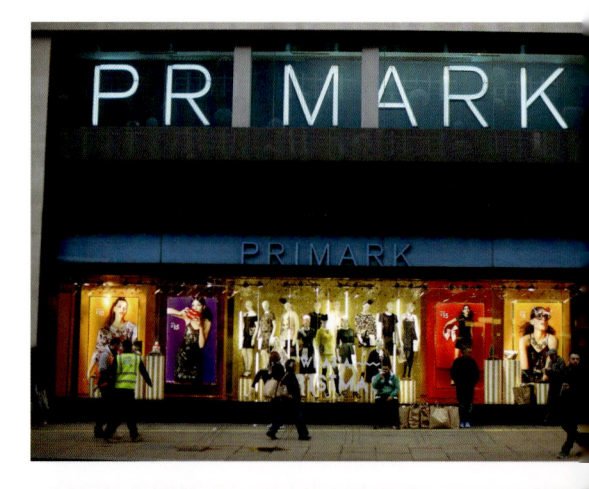

图2-3、图2-4　"Primark to Prada"效应

快时尚零售商普利马克（Primark）店面所呈现出的那种精简审美与高端时尚品牌普拉达（Prada）店铺所呈现的奢华外表差别明显——后者提供更加多元的选择、当代的潮流趋势以及高高在上的价格——品牌成功的三大法宝。

买手、设计师和市场

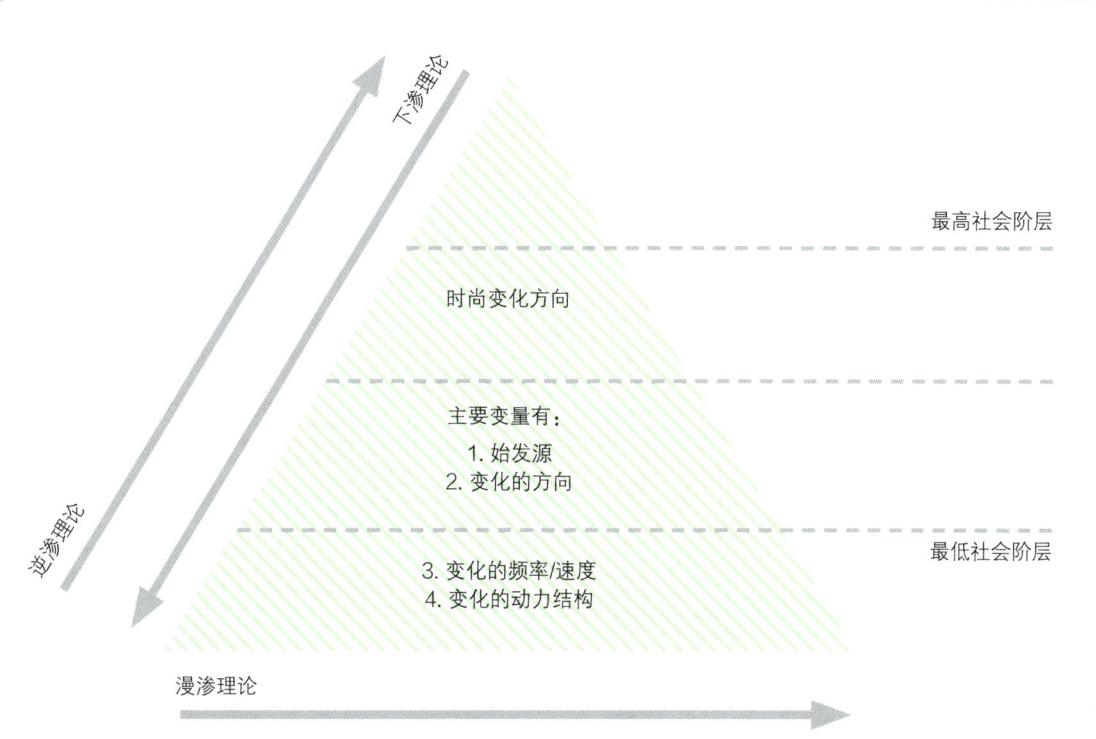

```
                                    最高社会阶层
        时尚变化方向

        主要变量有：
          1. 始发源
          2. 变化的方向
                                    最低社会阶层
          3. 变化的频率/速度
          4. 变化的动力结构
```
(下渗理论 / 逆渗理论 / 漫渗理论)

图2-5　时尚传播的滴渗理论
有些时候，可能会发生漫渗效应，所有亚文化迅速并同时间接受某种趋势，这通常是大众媒体渠道融合的结果。

时尚买手准则

价值=质量×价格
在各类层级市场中，消费者无论是在折扣店还是高级时装屋购买时装，他们对所花金钱的价值预期都是不断增大的。因此要谨记这个关键公式：价值=质量×价格（价值与质量和价格的关系成正比）。

市场调研

买手需要通过运用正式或非正式的调研手段,以及质量与数量等数据搜集,来不断地进行市场调研的工作。非正式的信息来源主要是买手通过平时与公司内外的同事或朋友的交谈来收集整理形成的。

与公司外部的商务会议可能会给买手带来有关竞争者的内部消息以及整体的行业走势。通常来说,这样的信息肯定会对企业运营有益,但做一名遵守商业道德的专业人士也是非常有必要的。要注意有些关于竞争对手的内部消息应该留给提供它们的外部团体。

市场营销组合

市场营销概念常常会遭到时装业内及业外人们的误解,很多人认为它仅仅与公关和广告相关。事实上,营销涉及的东西远远多于这些——它是有关公司(尤其是买手)创造产品以及为顾客提供服务和价值的一切策略。而顾客则如期购买产品,并希望通过持续购买保持对这个品牌的忠诚度。

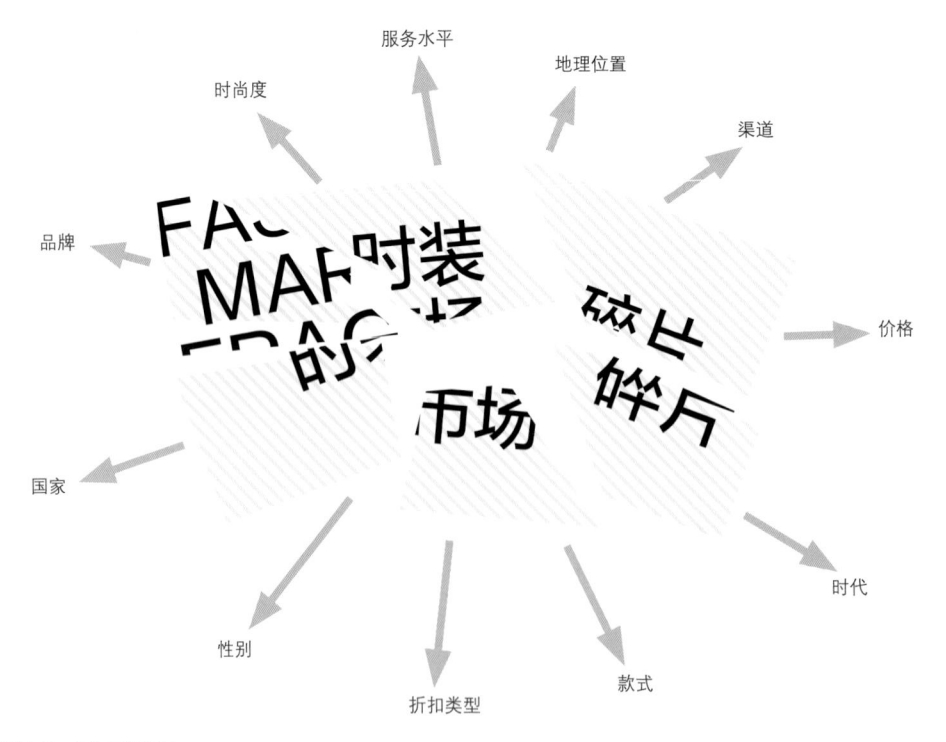

图2-6　买手的困境

不定因素的挑战。结合由内部和外部信息来源提供的定量与定性数据,运用强大的直觉,通过季节性买货可以加强零售商的品牌运营能力。
买手始终面临着各种可能削弱品牌形象或让营销变得毫无意义的市场。

好的市场营销策略应该是建立在长期客户关系基础上的。美国哈佛商学院尼尔·H.博登（Neil H.Borden）博士在1948年提出了他著名的"营销组合（Marketing Mix）"基础假设理论。该理论认为好的营销组合是将适合的产品，以适合的价格，放置于适合的地点销售，并给予适合的推广。

尽管这一理论假想看上去十分简单，但实际操作中，想兼顾上述四个方面绝非听上去那么容易。事实上，买手对时装营销组合的影响很大，千万不要把他们只当成市场采购员，尽管表面上采购是其主要工作。正是这些买手，确认了产品，制定了零售价格，（与企划师一起）决定了给哪些网点铺货，最后还要对重要店铺的促销活动给出关键性的意见。

正式的市场调研

媒体对所有和时装企业相关的东西都很感兴趣，国际报纸的商业专栏会报道各种时装企业的故事与新闻，如美国华尔街日报或英国的金融时报等。买手们需要阅读这些媒体信息以便了解竞争对手们的财务状况与业务问题。

除与商业及时尚新闻保持同步外，许多买手还会专设一名专门的市场调研经理，用来帮助他们更新汇总各种市场信息——多采用最常规的市场调研报告形式。

国际市场报告

英敏特（Mintel）
提供广泛的国际时尚报告，采用付费信息形式，有纸质和电子信息服务，这些报告常常可以在学术图书馆获取。
mintel.com/press-centre/press-releases/category/2/fashion

Verdict零售咨询公司
聚焦零售，提供广泛的国际时尚行业相关报道。主要客户为时尚公司。
http：//www.verdictretail.com/

欧睿国际（Euromonitor）
一家国际性的商业咨询服务机构，聚焦多种商业部门，其中也包括时尚。
euromonitor.com

Key Note
以英国中心的一家咨询机构，也会提供大量时装领域的分析报告。

注意：有许多其他的专业调查公司——它们的报告通常会高度聚焦某一国家的时装市场。

聚焦于顾客

认为自己的好品位比顾客更重要的买手总是失败的。最好的时尚买手拥有一种天生的能力，可以敏感地收集到大量的数据与信息，再利用这些信息来支撑他的买货决策。这些数据信息主要来自对国内外目标消费群所在的地理位置、人口数量以及心理分析研究。

不同的时装公司在市场研究方面的水平差别极大。一些公司可能会从目标客户中挑选一小群，并对他们的价值观、时尚态度、品牌偏好以及消费习惯等进行半结构化的调研。

其他公司，根据企业规模大小，可能会采用由专业市场研究或品牌咨询机构搜集整理的数据。这确保时尚企业始终掌握其客户或潜在基础客群的情况，并在新产品的策划和研发中运用这些信息，勾勒出一幅幅目标客群既想要又需要的新产品图片。

图2-7　掌握基础信息

买手需要分析目标消费群体的人口特征，如性别、年龄、种族和收入等，并结合零售商特点类型汇总成相关的客户资料信息。

市场趋势的实情与数据

对于买手来说，掌握目标客群的人均消费情况可以帮助理解市场经济趋势。这些数据通常按人口统计学或心理学的方法来分类，如性别、年龄、品牌等。而销售额更可以帮助买手了解什么畅销什么滞销，并以此判断是否需要进一步买货，或是降价促销。销售额与时间密不可分，常常会以天、周或月作统计单位，并有过去、当下及未来（计划）的时间之分。

企业内的零售店还可以采集并提供与消费群有关的一些额外信息，并与总部及买手团队已掌握的信息进行比对验证。这些额外信息有时还能预示出某个特定市场的潜在变化。

非正式渠道的信息搜集也不能缺位。时尚买手和所有人一样，日常生活中充斥着音乐、流行文化、媒体、街头时尚等，并受其影响。买手应把这类非正式的市场调研作为重要的情报来源，以此解开目标消费人群的穿搭密码。

了解零售终端的客群定位

下面罗列出一系列的营销基础概念，便于买手用来进一步剖析他的基础客群。

消费心理画像——基于人口统计学和消费心理学，整合顾客行为习惯、价值观及偏好等数据，完成对顾客消费行为的准确描述。

目标消费者——基于人口统计学和消费心理学，通过对消费群分类得出一部分目标消费人群，辅助买手工作中在企业形象、服务或产品等方面，更好地运用有形和无形属性。

差异化营销——展现企业在形象、服务或产品等方面在同行业中处于优势地方的营销模式。

定位——利用锁定目标消费群和差异化营销来为零售商的品牌、商品或服务找到利基市场的营销方法。

> "我为真人设计，并一直在为顾客考虑，创造那些不实用的衣服或饰品是不道德的行为。"
>
> ——乔治·阿玛尼（Giorgio Armani）

客户画像

零售商扩大日常商业活动范围以迎合更多的消费者，而这些人中有一部分可能与公司文化设定的理想客户不太匹配。但不管是首次光顾的顾客还是钟爱品牌的回头客，零售商总是希望通过一系列零售手段将普通顾客转变为长期的形象大使，这些手段包括诸如投其所好的商品策略、客户服务，当然还有恰到好处的商品组合等。这样可以在公司目标受众群之外拓宽新的客户群，捕获那些可能被竞争对手吸引走的人群。为了做到这一点，企业会研究大量营销信息。这些信息前文提过，主要通过定量与定性研究及环境勘察获得。甄别现有与潜在的客户群的工作就是从最基本的人口统计数据分析开始的。

人口统计学与理想客户

零售商如何通过使用人口统计数据来确定其目标客群的方法已司空见惯。例如，人口统计数据会借用像年龄、收入、婚姻状况和种族等社会经济数据，并且通过分析该特定人群的人口组成获得有效的商业情报。这些情报可以用作科学研究的定量数据，也可以服务于零售商的营销目标。例如，一家经营儿童商品的零售商就会研究在这个13平方千米半径的住宅区内有多少家庭有0~9岁的儿童。同样，零售商还可能会去查看有多少家庭是已婚单亲家庭。这些情报信息对于那些寻求进入新市场的零售店至关重要，更不用说童装市场本身就是一个非常有商机的市场了。

通过使用焦点分组、网站分析、客户忠诚度计划和销售终端（Point of Sales，POS）数据等工具，零售商可以掌握到很多有价值的市场信息，并以此制造出具有独特卖点和很强针对性的产品来。这就解释了为何零售电商常常在网站上提供一个"你也许还喜欢……"的推荐商品区域，因为它能将所收集的显性数据与隐性数据合起来，创建出顾客的个人在线购物记录（数据库画像）。当然，零售商必须评估信息的质量或数量，不能过度依赖电商提供的消费者个人数据，导致不恰当地使用。

寻找捕捉准确的客户群基础信息

建立一套有效的客户获取策略后，零售商将拥有通俗易懂的客群信息，再基于消费者的个人需求，实现在销售过程中与之产生共鸣的目标。一旦零售商瞄准了一批新的消费群，就需要通过运用既定的内容营销手段将这群新客户变成核心顾客或忠实顾客。零售商还需进一步确定这批核心客户的价值高低；就是看这批顾客将会长期购买品牌产品，还只是短期购买？为深入了解这一点，这里介绍四种客户类型：

忠实顾客——惠顾驱动的顾客往往有自己的品牌偏好，属于品牌着力培养的消费群体。

折扣顾客——价格驱动的顾客多会追逐折扣、优惠以及各类促销活动。

冲动顾客——情绪驱动的顾客会根据购物时的情绪或感觉来购买。

需求顾客——需求驱动的顾客只有在真正需要的情况下才会购买。

人口统计学

消费心理学

目标受众

理想顾客

营销广告
推广类

图2-8 聚焦目标顾客
消费市场被看作一个上大下小的漏斗,零售商通过"过滤"的方法更好地聚焦目标顾客,特别是聚焦到那些能发挥品牌大使作用、帮助宣传品牌广告与视觉陈列的理想顾客身上。

流行趋势预测

20世纪70年代，开始出现专业机构对流行趋势进行结构性的分析与预测。但时装设计师、供应商和买手在更早之前就已经做着各种不同形式的调研预测了。时至今日，流行趋势的预测工作变得愈发地重要。因为企业如果采用了错误的流行趋势，将会出现产品滞销、库存积压、打折销售而最终导致利润下降，为此付出的商业代价是极其高昂的。

概念、颜色和来源

不同类型商业模式下的买手在获取流行趋势时所采用的方式大同小异。大企业往往采用更为严谨有序的预测方式，而较小的企业则常采取更为专门而独特的方法。当然，大公司更有能力负担那些相对昂贵的专业咨询预测机构的服务。

大多时尚买手在制订新产品买货计划时会采用一种将多种流行趋势来源汇总整合使用的方法。他们可能会借鉴如贝克莱尔（Peclers）这样的比较领先的法国流行趋势预测机构的资讯，也可能使用影响力越来越大的来自英国的WGSN的预测。大部分预测机构都可以提前几个季节向企业提供比较基础的和更昂贵的定制趋势预测服务。这些情报信息不仅可以通过网络在线接收，也可以通过流行趋势书，如新款型录（Lookbook）印刷品的形式呈现。趋势书内包含了清晰的颜色、插图、面料小样或是一卷卷纱线。这些都是买手在和供应商讨论款式时会用到的。

就像每一位在时尚界工作的人一样，时装买手日常也会受到来自其他渠道的信息影响，这些五花八门的信息渠道包括买手的私人生活，以及与

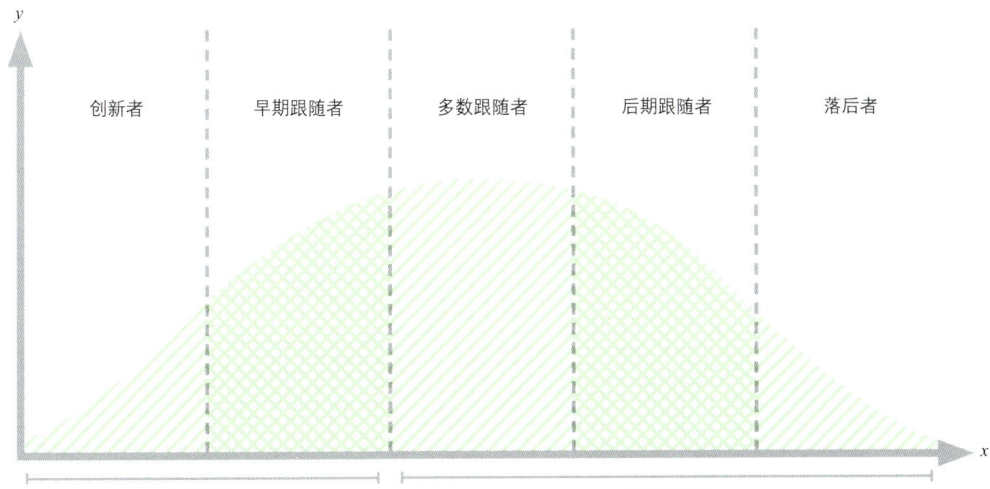

```
      y
      ↑
      │   创新者  │  早期跟随者  │  多数跟随者  │  后期跟随者  │  落后者
      │          │             │             │             │
      │           ←── 时尚引领者 ──→        ←── 时尚追随者 ──→           → x
```

图2-11　时尚流行的扩散

埃弗雷特·罗杰斯（Everette Rodgers）在20世纪60年代提出了时尚传播扩散的理论。他认为新的时尚流行的产生要先在大众面前展示，并被大众接受和通过。这个新的时尚流行产生所需的时间（x轴）需要通过接受新时尚流行的消费者数量（y轴）来过滤。这就是时尚生命周期。买手可以运用这一理论预测每季货品的流行持续时间。

同事、供应商、管理层的会面，或是更为广泛的时尚媒体等。一些新型的时装公司甚至会为年轻买手报销参加俱乐部、音乐节和观看比赛的费用。一年中，买手还将莅临各种国际时装秀、展会、展览，并参加海外买货调研旅行。买手一般会和设计师同行，通过做笔记和拍照来帮助设计师们确定未来产品的开发方向和商品组合的范围。并通过这一过程获得比较正规的市场研究报告。

图2-9、图2-10　色彩预测

许多买手会使用色彩预测机构的预测，如潘通（Pantone）。其著名的PMS（潘通色彩匹配）系统采用了从纸片到布料的多种介质。Pantone作为一个品牌已成为色彩预测的领导者，获得了产业的认可，也经常与零售商合作——如优衣库的羊绒系列。

进货市场

供国际时尚买手参加的各种专业贸易展览的数量正在飞速增加。在大型时装企业工作的买手需要仔细规划参加哪些，不参加哪些。他们一般只出席那些与其产品系列直接相关的秀场，想尽办法找到最具创新性的产品。这些展销会或走秀都是向买手呈现货品的一种形式。买手在这里要么采购产品来贴牌，要么采购成衣再拿到自家零售店中销售。

贸易展、集市和秀场

买手经常与买手同行们、团队设计师、生产商设计师一起参展看秀，偶尔公司其他高管也会参加。贸易展会通常很大，横跨超过几公里的空间，覆盖数以百计的品牌商、生产商和供应商。因此，对于所有相关方而言，办一场随意而无计划的贸易展是对时间和资金的双重浪费。

在时尚瞬息万变的当今市场中，买手经常发现自己被消耗在办公室里，花了太长时间处理行政管理、团队协作以及打无数个电话给供应商。而在贸易展中，买手有时间集中思考，有条件受到同行启发，并不断发现和记录下那些具有销售潜力的产品信息。

展览中许多展位的产品未必能让买手直接使用，但买手仍会发现新的色彩色调、面料组织纹理、风格款式或印花图案，这些都可以成为未来买企划产品时的灵感来源。

买手与设计师在展会参观中会及时以速写草图或拍照的形式将新款服装或新细节设计记录下来。计划性强的买手可以从一场展会中获得丰富的产品细节记录、大量的供应商信息（名片）和众多的品牌宣传册。请注意，展会中有时禁止拍照。因此，买手首先应该与会场组织方或实际供应商摊位方进行确认。

贸易展和集市为何对时尚买手来说至关重要

参加贸易展需要花钱与时间，但对企业来讲收益也很直接。同时，时尚买手也能够获得以下好处：

- 及时了解最新产业发展状态，跟进与现有的供应商，品牌或设计师的关系。
- 为未来的新产品开发规划收集新想法。
- 保持与同行、组织和企业的联系，以确保思想与理念的同步。
- 寻找尚未结识的潜在供应商、品牌或设计师。
- 确认已开发好的和正在开发的产品线与下一季的总体方向一致。
- 意向性下单——主要是针对那些采购设计师品牌和生产型品牌的小型及独立型零售企业。

没有哪个买手可以把贸易展的所有展位逛完。同理，他也不会去拜访平时经常去的那些老供应商。对他而言，最重要的是在抵达展会的一刻，要制订计划，标注好准备访问的摊位，这些摊位必定是买手心仪已久的、新的、潜在的优质供应商。

图2-12　国际贸易展会和交易会

通常情况下，买手每季只能参加为数不多的一些重要的展会或交易会——大多是专业性的或生产型的。参加展会的品牌商们都希望能够吸引买手们为自己下一季的新产品下单。

图2-13、图2-14　展会供应商

参展的品牌商为了吸引潜在的大型零售商光顾，在展位的视觉设计与制作上往往会下大功夫。展会的空间租金也变得越来越昂贵，尤其那些靠近建筑物进口、出口、拐角或过道位置的展位更要花大价钱才能拿到。

即使计划完备,买货途中也可能会出现意想不到的情况,比如采买时偶遇一个很棒的新品牌,或以前不曾了解的制造商。考虑到这一点,买手必须事先从供应商那里获得尽量多的信息。以下介绍的内容虽不是买手所需了解的全部资料,但也是其中的一大部分信息了。

- 产品线明细——供应商向买手提供的全部产品线的具体信息。包括联系方式、交货日期、服装单位、尺码范围、色彩及面料选项等,最重要的是批发和建议零售价格。
- 产品册——它是该季产品的图片集锦,作用是展示供应商该季主推的风格概念。它使买手看到可选的造型及搭配,以便更好地瞄准该产品线的目标客户。
- 采购订单——供应商要求买手填写的"下一季购买什么货品"的文件。这其实可以看成是具有法律效应的正式合同,但要在双方签字时才有效。

买手通常会将观察到的有启发的商业动态信息记录下来,然后彼此交换,相互协作。通过这种方法买手们将再次审视产品册,之后计算并制订季节性买货计划。

图 2-15~图2-17　产品册、产品线明细和采购订单

除非买方在48小时内通过电话取消订单,否则视为客户同意接受此订单。已开始生产的服装乃客户的财务责任,如制造商在制作、尺码、颜色或货物方面有误差,或未按照销售说明书装运,客户在收到海运单后5天内可以申请退货,其他任何未经授权的退货和取消订单均不予接受。

MJ>ARCHIVE

MINJOON KIM
4545 CENTER BLVD, #3604
LONGISLANDCITY, NY 11109
(213)550-8965
MJARCHIVE@GMAIL.COM

FALL/WINTER 2016
03/01/16 DELIVERY

| 潘通: 19-0303 TCX 禅宗黑 | 潘通: 14-4102 TCX 禅酷灰 | 潘通: 19-0303 TCX 禅宗黑 | 大理石府绸丝印 | 潘通: 19-0303 TCX 禅宗黑 | 潘通: 11-0602 TCX 禅宗白 | 潘通: 18-0601 TCX 禅宗灰 |

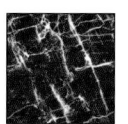

销售订单

MJ>ARCHIVE

MINJOON KIM
4545 中心，3604号
LONGISLANDCITY，纽约11109
（213）550-8965

日期：_____
客户订单号：_____

付　款　方：_____　　　　交　货　地：_____
地　　　址：_____　　　　地　　　址：_____
城　　　市：_____　　　　城　　　市：_____
国　　　家：_____ 邮　编：_____　国　　　家：_____ 邮　编：_____
联系电话：_____　　　　联系电话：_____
邮　　　箱：_____　　　　邮　　　箱：_____

买手：_____ 电话：_____ WWW：_____
付款方式：_____ 信用卡：_____ 存款：_____
装船经由：_____ 经办人：_____

款式	颜色	设计说明	尺码					件数	单价	总价
			XS	S	M	L	XL			

总计：_____

THIS ORDER IS ACCEPTED SUBJECT TO CUSTOMERS APPROVAL AND VALID UNLESS CANCELLED BY PHONE WITHIN 48 HOURS BY THE PURCHASER. GARMENTS ALREADY STARTED IN PRODUCTION ARE CUSTOMER'S FINANCIAL RESPONSIBILITY. RETURNS ONLY ACCEPTED FOR CREDIT EXCHANGE IN CASE OF MANUFACTURER'S ERROR IN CONSTRUCTION, SIZE OR COLOR OF GOODS NOT SHIPPED IN ACCORDANCE WITH THE SPECIFICATIONS OF SALE, WITHIN 5 DAYS FROM RECEIPT OF MERCHANDISE ANY OTHER UNAUTHORIZED RETURNS AND CANCELLATIONS NOT ACCEPTED AND SUBJECT TO RESTOCKING FEE. BUYER ASSUMES SHIPPING AND DUTIES UNLESS OTHER RESPONSIBILITY IS NOTIFIED AND APPROVED BY MJ>ARCHIVE.

买手签字：_____　　　　日期：_____

进行采购

大部分时尚展会和时装秀都选择在世界时尚之都举办,所以买手们也要花时间去逛商店。买货的同时进行对比,寻找到新的或者之前没有关注到的品牌和店铺,为未来的产品开发提供大量的灵感。许多大型的企业允许买手购买他们发现的重要的或者具有创新性的产品,以便随后在买手办公室展示这些产品。

比较购物,就像参加商品交易会,需要精心组织。通常来说,趋势预测机构能够根据要求提供给买手一系列的当下热门的店铺和领先于国外的购物场所。时尚都市能够提供发现在街头层出不穷的新趋势的机会。这也是一个很好的机会,可以开始市场研究阶段,在这个季节的买货范围内,向零售商介绍新品牌。

图2-18、图2-19　全球性的购物旅行

买手偶尔会得到机会拜访国外的企业以及新兴市场,进而寻找到新的品牌或设计灵感,比如日本的关东地区(Kanto Region)或者土耳其的以弗所(Ephesus)。

"通过参加比较购物之旅,来努力寻找新的或先前未被发掘的品牌与店铺,可以为未来的产品开发储备充足的灵感。"

进货市场

时装周、贸易展览会和展示会每年举办一次，目的是让设计师们和纤维、纱线、面料以及服装生产商可以给国际买手们展示他们下一个季度的商品。展会通常在1月、2月和3月以及9月、10月和11月举行，以展示下一季秋冬或春夏的产品。

纤维、纱线和面料展销会

纤维、纱线和面料展销会通常是一个循环的开始——往往比服装发布要早一年以上。自有品牌的买手会比其他品牌的买手们更愿意参加这些展销会。

比较重要的纱线展销会有佛罗伦萨的Pitti Filati和巴黎的Expofil。重要的纺织品和面料展销会有巴黎的第一视觉面料展（Premiere Vision）、里尔的Tissu Premier、米兰的Moda和上海的中国国际纺织面料及辅料博览会。毋庸置疑，中国和印度的展会将在未来十年内变得更加重要。

国际时装周

主要影响国际时装趋势的城市是为女装服务的巴黎以及为男装服务的米兰，其他重要的国际时装周分别在纽约、东京和伦敦——尽管每个季度哪个城市最具影响力还存有争论。现在有更多的国家推出了时装周——这个名单每年都在增加。

时装周主要由T台秀和静态展组合而成，活动通常会在不同城市的各种知名地点进行。他们倾向于吸引那些追求小型独立且精品的买手，以及其他时尚达人、博主和行业相关人物，包括国际时装报道人员。寻找知名品牌和设计师品牌的大型零售企业买手可能也会出席，一些自有品牌的买手偶尔也会出席。

国际成衣贸易展示会

这些每年两次的大事件常常在大型的展示厅或专门的贸易展示场所举行。它们通常配备有由静态支架支撑的显示器，并有一些现场的时尚模特。

通常运行四到五天，他们吸引众多独立或小型店铺的买手与大集团的买手一起参加。主要展会包括巴黎成衣展（Prêt à Porter）、杜塞尔多夫国际成衣、服饰和面料博览会（CPD）、拉斯维加斯国际服装服饰博览会（MAGIC）、东京国际鞋类及皮革制品展览会（ISF）、佛伦罗萨男装展（Pitti Uomo）、童装展（Pitti Bimbo）、时尚用品展（Modaprima），以及伦敦国际服装展（Pure）。

有些展示某一专卖品，有些则是男女皆宜的，或仅针对儿童用品，而其他则旨在吸引更年轻和前卫的买手。这些展会吸引了来自世界各地的品牌制造商，尽管其中有些目标是吸引更多的家用品生产商。

实际上较小的企业会在这些秀场里下订单，而较大的自有品牌买手将进行研究，可能会在更早的时候就与未注册品牌的制造商签订了产品和订单。值得牢记的是世界上很大一部分工厂只为自有品牌买手生产，但不会出现在这种展会上。

进货市场 53

图2-20 国际时装周
买手正在参加2015年大卫琼斯（David Jones）为设计师卡利布尔（Calibre）开设的春夏发布会。小型零售商的买手通常会寻找更大的机构，以确保他们的产品选择与行业中的大方向一致。

1 北美地区

纽约时装周
美国 纽约

婚纱时装周
美国 纽约

洛杉矶时装周
美国 洛杉矶市

万事达全球卡时装周
加拿大 多伦多

梅赛德斯－奔驰墨西哥时装周
墨西哥 墨西哥城

2 欧洲地区

巴黎时装周
法国 巴黎

米兰男装展（Moda Uomo）
意大利 米兰

道德时装秀
德国 柏林

伦敦时装周
英国 伦敦

巴塞罗那婚纱时装周
西班牙 巴塞罗那

斯德哥尔摩时装周
瑞典 斯德哥尔摩

3 亚洲地区

印度时装周（Wills Lifestyle）
印度 新德里

梅赛德斯－奔驰东京时装周
日本 东京

首尔时装周
韩国 首尔

上海时装周
中国 上海

香港时装周
中国 香港

4 南美地区

Senac-Rio时装周
巴西 里约热内卢

哥伦比亚时装周
哥伦比亚 麦德林

特立尼达和多巴哥时装周
特立尼达和多巴哥 西班牙港

时尚里约
巴西 里约热内卢

布宜诺斯艾利斯时装周
阿根廷 布宜诺斯艾利斯

图2-21 国际时装大事件

每年在时装日历表里有许多重要的事件,分别在全世界各地进行。买手们应该熟悉这些事件并且参与那些对他们工作有所帮助的事件。

5 非洲地区

非洲Indaba设计节
南非 开普敦

梅赛德斯-奔驰南非时装周
南非 约翰内斯堡

突尼斯时装周
突尼斯 突尼斯

迪拜时装周
阿联酋 迪拜

非洲中心时装周
埃塞俄比亚 亚的斯亚贝巴

6 南太平洋地区

欧莱雅墨尔本时装周
澳大利亚 墨尔本

新西兰达尼丁iD时装周
新西兰 达尼丁

菲律宾时装周
菲律宾 帕赛

罗斯蒙特悉尼时装周
澳大利亚 悉尼

新加坡男装时装周
新加坡 新加坡

案例学习
胶囊秀（Capsule Show）

每个季度，买手都会参加那些展示最新设计的衣服、饰品、化妆品以及家居用品的贸易活动。店主和买家仔细挑选了大量产品，然后在零售商店内为消费者进行策划。贸易展览，特别是"胶囊秀"，正在迅速发展成为当代产品的"去向"，并逐渐让独立和新兴设计师进入大众视野。

2007年推出的"胶囊"是纽约和洛杉矶的时尚咨询公司BPMW的创意产品。与时尚界的密切联系，使其创始人能够创造出独特的环境，迎合各种零售类型，同时提供一个促进社交的氛围。这在他们参与的各大事件和多方伙伴关系中是显而易见的。例如，他们与史蒂芬·阿兰（Steven Alan）和吉尔·威格（Jill Wenger）、时装买手店（Totokaelo的创始人，在当代时尚零售业具有话语权的人）等行业领导人举行了几次圆桌会议。他们还与其他行业组织进行了多次合作（如GQ杂志和跨境电商Etsy），那些能够在展会上吸引更广泛观众的组织，其中许多人都是时尚企业家。

"胶囊"在巴黎、纽约和拉斯维加斯三个不同的城市每年展示十次。每个秀分别专门针对女装、男装或配饰，通过贸易展位，买手会发现各种各样的组合都很不错。随着"胶囊"的扩张，在展会上推出了快闪市场，突出展示了通常不会展示的特色商品。这些快闪店分别有"元素""杂物"和"Above Tree Line"，包括更多的美妆组合、香水、精致保养品、生活用品和户外品牌，是一个具有强烈观点和编辑风格的市场表演，和谐地将设计师和零售商聚集在一起。

图2-22~图2-25 带有议题的市场秀
胶囊秀是正在迅速崛起的前卫秀之一。

TOMORROW
PERSPECTIVE

INTERNATIONAL PLAYGROUND

KURT LYLE
Autumn
Winter
2016

NEW

专访
迪尔德丽·马洛尼（Deirdre Maloney）

作为胶囊秀的联合创始人，以及BPMW公关公司背后的力量，迪尔德丽·马洛尼的脚步从未停歇，除了偶尔暂停工作和她的家人们出去游玩［丈夫诺阿·卡拉汉·佰薇（Noah Callahan-Beve），Complex媒体的首席内容官，以及她刚出生的女儿］。作为一个纽约本地人，迪尔德丽的时尚背景从她在Bloomingdales作为一个实习买手就开始了，这是她职业生涯的深刻变革。在获得乔治敦政治学学士学位后，迪尔德丽在一位杰出的国会女议员手下担任买手工作数年。也许是她在这些角色下的成功演绎，时装行业承认了她的创造力和韧性，尤其是她参与合作的"胶囊秀"所带来的成就。

图2-26 商业和时尚的完美结合

迪尔德丽·马洛尼不仅仅是商业精英也是极好的时尚前瞻者，常常穿着Capsule Show的品牌服装。

胶囊系列展

№14

春/夏 2016

巴黎男装周
6月26日~28日
Citede Mode

拉斯维加斯服装展
8月17日~19日
威尼斯宴会厅

纽约女装饰品展
9月17日~19日
94号码头

纽约男装周
7月20日~21日
篮球城

纽约女装展
9月17日~19日
94号码头

巴黎女装展
11月2日~4日
红地毯

Q：你在胶囊秀的职位是什么？你的工作都包含什么？

A：我是胶囊秀的创始人之一，也是管理合作伙伴。我的日程每天都在变化，这也是我热爱所做的事情的一部分！当然，通常会回复电子邮件、分析运营的关键内容等。在我的办公室里从来都不缺少灵感，所以我们花很多时间与人交流灵感（关于某一系列的主题），并且讨论其优缺点，然后决定是否以及如何执行它。我也尽可能地走出市场，去访问我们的品牌或零售商。另外，我旅行了很多地方。每年去4次巴黎、2次伦敦、1次佛罗伦萨、1次哥本哈根、1次东京、2次拉斯维加斯、2次洛杉矶等。当你每隔几周就需要乘一次飞机时，很难去做出一个固定的日程。

Q：胶囊秀和其他时装市场贸易展示会有什么不同？是什么让它与众不同？

A：胶囊秀展示了精心挑选的世界上最具方向性的前卫服饰、配饰和生活方式品牌。我们的策展观点吸引了世界上最受尊敬的精英零售商群体，他们关注的是精品店、独特的专卖店和百货商店。我们走在零售商、销售人员、编辑和设计师的前端，所以我们有着独特的优势了解怎么迎合上述的人群，并确保我们的展会满足他们的需求。

Q：你怎么确认哪些品牌会帮胶囊秀展示会带来利益？是否会有想要迎合的特定消费人群？

A：我们有一个包含大约8个人的"胶囊陪审团"，会找出那些达到我们标准的最有价值的新旧品牌——从国际视角看具有手工艺性的、高质量的、独立的、被认证了的、高级的品牌。我们关注许多不同的店铺，所以必然有着各种各样的产品。我们相信也许买手不会来参加我们的展示会，也不会买任何东西，但他们绝对不会觉得自己在寻找一颗未经雕琢的钻石，每个品牌在我们的展会上出现都是带目的性的。

Q：您是否看到市场上出现的任何可能的趋势（如产品类别、零售商类型或地理位置）？

A：现在运动服在各个行业都是热门，我们也将游泳和家居用品视为我们快速增长的领域。

Q：如何保持胶囊秀与主要使用互联网作为季节性买货渠道的零售商的相关性？你如何吸引他们参加展会？

A：在市场方面，我们正在为那些对产品的了解程度较高的终端消费者进行服务，因此零售商在购买产品之前需要对产品进行亲自体验。它的价格驱动少而质量驱动多，质量更需要亲自评估！也就是说，如果在商店中销售几季这个品牌，并且知道质量和适合度，则可以通过产品册订购；但胶囊秀的部分优势在于我们每个季度将数百个新品牌推向市场，所以买手的选择不只是以往的固定产品，新潮的也在他们的选择范围内！

Q：作为一个团体，胶囊秀的五年或十年目标是什么？

A：我们一直在想要推广这种形式，不仅仅是在我们为市场带来的品牌方面，也包括我们的零售商和品牌的展示经验。这是否意味着将通过行业内部人员在热点项目中引入解说人员，在现场增加某种时装秀元素，或引入新的产品类别以及展示渠道。总之，我们胶囊秀想要先做且想做得最好。

"我们一直希望不仅在将品牌推向市场方面，而且在零售商和品牌的展示体验方面，都能达到更高的标准。"

总结

这章阐述了买手们用以开发他们未来产品的正式及非正式的潮流信息来源。随着互联网的发展，潮流趋势预测服务越来越流行，他们能够结合灵感和图像得出一个完整的趋势结果。当然，这样的预测并不能确保一定能够带来好的销售业绩。最终决定因素来自于负责回顾、分析和综合运用趋势消息的买手的熟练度及天赋。买手们不能仅仅只是看到围绕在他们身边的东西——更要看透这些东西。

问题与讨论点

成为一个好的时装买手需要一个高级别的视觉敏感度和好的颜色想象敏感度。买手们需要去看数以百计的面料小样、服装和产品，并且成功地综合信息，比如关于这些服装的款式细节。然后利用这些信息和设计师、供应商共同开发未来的产品。成功的买手必须要有强大的观察意识和记忆能力。

1. 国际营销市场有着许多的相似点和不同点。基于你所在的地区，思考你的国家和外国市场之间存在的异同，并以表格形式列下这些点，然后分析为什么有这些相似点和不同点。

2. 思考"Primark to Prada"效应，辨析奢侈品市场或中低端市场的走势，是否在不久后会出现在对应的市场里。该趋势将如何转变？从哪个市场先开始？并解释为什么能在该市场里流行起来？

3. 买手需要对不同社会层次的趋势有所判断。哪个层次的市场能够让买手得知未来的、过去的和现在的趋势？写出这个社会层次，并借此完成趋势的调查与预测。

练习

1. 和你的朋友们一起去你喜爱的时装店，到店后，直接前往你个人喜欢并且熟悉的区域、品牌或产品，花费的时间不要超过10分钟。然后离开商店在记录本里写下一些笔记，看看短时间记忆能够获取多少信息——如型号、加工过程、面料、品牌名称、颜色以及重点产品的款式。

2. 在你去工作、学院或大学的路上观察一个同行路人或者陌生行人的具体穿着。你是否能回忆起他的衣服颜色、面料、体型和饰品；然后想想你为什么能够记住这个路人的穿着，他们是否在某些方面显得独特或与众不同，又或者他们在同龄人或同阶层人的普遍特征里显得独特。写下为什么你能回忆起这个人和他风格的解释。

3. 回顾一下过去一周里你的时尚历程，然后列出尽可能多的相关清单。一个"偶遇"指的是在任何媒体中看到时尚，或者在外出购物以及与朋友见面时，你注意到的任何形式的时尚。

4. 访问当地的商业街，写一份简短报告，题目是"本季的主要时尚外观、面料和颜色是……"为每个部分取一个标题，包括草图、样本或杂志剪辑，以使信息更加真实。

5. 使用任何你手头上的旧杂志或报纸（那些不再需要的），剪出最能总结本季流行外观的主要图片。尝试制作你自己的简单的时尚趋势板，用来展示本季的三大主要趋势以及主要颜色。将它们放在纸上或板上，然后尝试与朋友交谈——这是一个很好的实践机会，因为买手必须要能够使用趋势板和色彩板来解释外观。

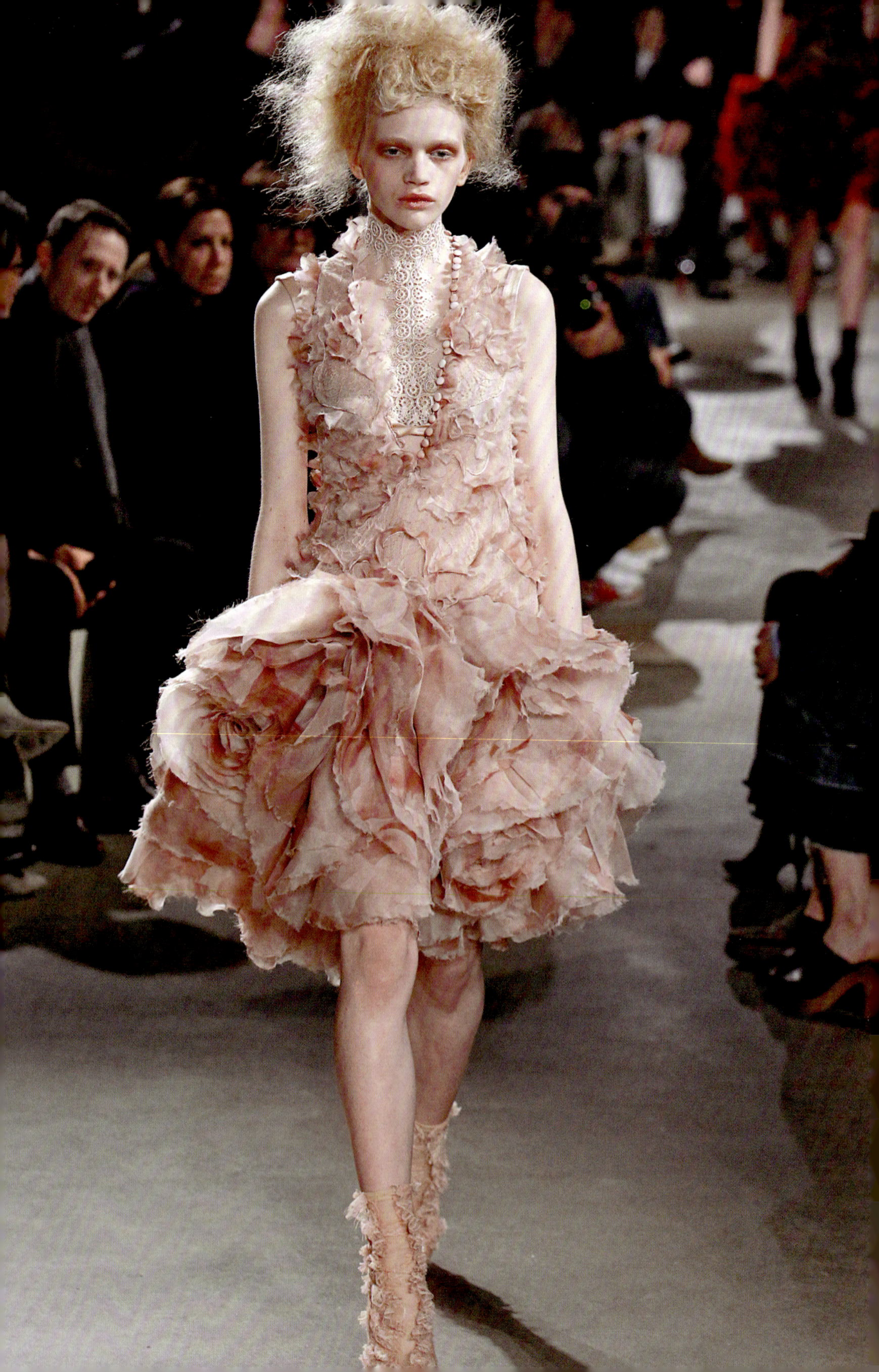

3

供应商、采购和公关

本章主要研究买手和供应商之间的重要关系，探索如何在全球供应结构不断变化的情况下管理供应商及其绩效。本章阐述了买手如何管理产品类别，以及如何完成最终生产线的选择，还讨论了关于采购供应商从事可持续经营的长期问题。本章还剖析了时装设计师和买手之间的复杂关系，以及如何携手配合，有效打造针对目标市场的季节性商品组合。

买手在现代商业链条中发挥的链接轴心角色是明确且无法撼动的，该轴心不仅链接着零售企业内各部门，还链接着企业外部的合作方。本章最后介绍了材料纺织方面的相关知识，这也是买手需要了解的内容。

图3-1　2015~2016秋冬
亚历山大·麦昆的高级服装设计，浪漫且富有戏剧性，有着很强的个性。

时装设计师与买手的关系

时装设计师和买手之间的关系非常紧密——然而,买手会对产品的选择做最终决定,并且对投入生产的产品负责。

现在,大多大型时装零售商和品牌都有自己的设计团队。企业之间的设计和买货团队的结构体系各不相同,但是通常来说,每位商品买手都会配备一名设计师来协助他们寻找灵感和开发样品。

另外,许多较小的时装企业没有足够的资金去聘请全职设计师,他们往往更喜欢雇用临时的或针对某一范围产品的自由设计师。雇用自由设计师的好处是可以通过新的视角创造新产品。如果一个设计师或买手在某个产品领域和品牌里工作太久,容易变得缺乏创造力。

在购物季到来之前的几个月,无论是国内还是国外的买手以及设计师团队,都会聚集到一起讨论新的流行趋势以及未来整个商业的发展方向。在这些早期阶段,除了委托外部趋势预测机构提供的趋势预测外,还会用到初步的头脑风暴。灵感来自所有相关方,但主要来自买手和设计师,他们将共同合作,从预测的趋势中获取最大的利润。

图3-2~图3-4 设计师和买手

时尚买手与设计师紧密合作,共同开发每一季的时装系列。大部分的想法源于平面草图,之后开发成为一个原型样品。

买手也会依赖设计师来制订设计打样所需的尺寸规格，这些规格将列入一个发送给制造商用于生产商品的规格书。规格书是设计师及其生产团队之间开发和交流的重要工具，其中包含的信息主要有：

- 公司/联系方式/日期
- 设计师
- 服装规格
- 样品尺寸和尺寸范围
- 色彩/面料
- 材料、辅料、五金等
- 标签、吊牌等

规格书对于确保工厂按照预期生产零售商所需的服装至关重要。规格书越详细，错误的空间就越小。当然，在规格书完成之前，买手就已经开始供应链管理工作，特别是与供应链成员打交道，这有助于促进自有品牌商品的生产。买手会进行大量的成本计算，以确保他们对产品进行定价。成本核算要考虑到与制造服装相关的直接和间接成本，使买手能够确定适当的"制造商建议零售价"。

图3-5、图3-6　规格书

详细的规格书会使所有相关方面的生产更加容易，生产团队最好不要在没有咨询设计师的情况下就做出决定，规格书中任何遗漏的信息都可能导致停产，以处理未解决的问题。

什么是供应链？

供应链是一系列制造和分销商品以及服务给消费者的公司。制造商到零售商供应链的长度和复杂性根据市场水平和产品构造的不同而有显著的差异。随着面料和服装制造业从西方发达国家转移到东方发展中国家，许多产品的交货时间有所增加。根据所涉及的面料类型和服装结构，交货时间可以在三周到六个月（有时甚至更久）。

时尚供应链涉及许多个体、部门和组织的合作，这些合作不受时尚买手的直接控制。一般来说，时装零售企业通常不会拥有完整的供应链，但会与每个成员都保持战略性业务联盟。

买手在供应链中的角色

在所有时尚企业中——即使是那些选择使用自己的内部设计团队的企业——买手都是最终决定是否将某条产品线纳入产品范围的人。时尚买手的工作是在预定的时间内，选择最可能的以特定价格销售的产品，以满足目标客户群的需求。许多人、组织、部门甚至职能都会受到买手最终选择的影响，买手对每个员工都负有难以推卸的责任，但获得这项决定权的能力也是买手工作中最受尊重的属性之一。

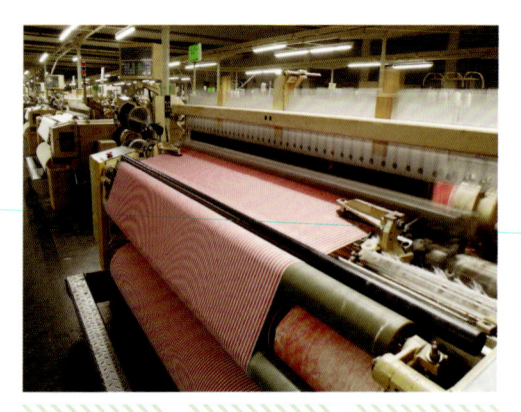

制造商

批发商

制造商把原料制作成纤维用来纺纱或染色，然后售卖给批发商或直接与买手合作。

批发商将大量的货物储存起来，然后再卖给零售商。常常会给大批量的购买提供折扣。

这个重要决定对整个供应链产生影响，从迅速采取行动购买材料和计划未来生产的面料、服装生产商，到计划产品分类、营销和促销计划的零售商部门团队。无论在零售供应链中的哪个位置，它的许多关键参与者都是由买手来决定的。

时尚供应链

大多数零售商仅作为最后一个分销的支点（所谓终端）存在，为消费者提供各类所需商品。但也有例外，西班牙服装集团Inditex就是最大的那个例外，它旗下拥有飒拉（Zara）、Zara Home、Pull&Bear、玛西莫·都蒂（Masimo Dutti）、巴适卡（Bershka）、斯特拉迪瓦里斯（Stradivarius）、Oysho、Uterque和Tempe等众多知名品牌。更重要的是，它直接拥有并控制着绝大部分的纺织与服装生产供应链。

其他一些时尚零售商，如英国Arcadia集团（前Burton集团），坐拥Topshop、桃乐茜·伯金斯（Dorothy Perkins）、塞尔弗里奇蜜斯（Miss Selfridge）和伊万斯（Evans）等国际知名品牌，则在很多年前就将服装加工生产业务剥离出去，从而专攻零售。

当一家企业进行业务整合时，涉及供应链渠道的整合模式有很多（可以采用很多方法对供应链渠道进行整合）。但主要有三种业务整合模式常常被用到：

1. 垂直整合——企业只在服装生产供应链这个单一业务内进行各种小范围的整合活动。
2. 向前整合——处在产业链上游的加工企业向前合并处在中下游的批发与零售环节的业务。
3. 向后整合——处在产业链下游的零售企业反向合并处在中上游的批发和加工环节的业务（通常只提供有限服务）。

图3-7 零售供应渠道

每个供应商在系统中都有一个特定的角色（有时是多个角色），但是每个供应商的目标都是为消费者提供商品和服务，这个消费者甚至可以是批发商或零售商。

零售商 → 消费者

零售商将商品售卖给消费者以供个人使用，商店展示了买手开发的产品系列。

买手与供应商的关系

在供应商和品牌中,国际时尚买手有成千上万的选择——所以选择有效的供应商与选择最畅销的时尚外观同样重要(或者说更重要)。对于一个专业的时尚买手来说,拥有良好的供应商基础和强韧的供应商关系是非常必要的。

选择供应商

把握好时尚产品范围的供求平衡比起其他任何类型的消费产品都要困难。因此,买手在与供应商合作的时候需要考虑很多因素,特别是在引进新供应商的时候。

过去,买手更能够在没有太多的管理干预或调解的情况下引入或放弃供应商;但是在竞争激烈的时尚商业环境中,获得合适的供应基础势在必行,而且,与供应商相互信任的关系可能需要很长时间才能培育出来。

这就是为什么新的供应商往往需要通过正式的审查程序,以确保其生产标准完全符合国际要求和公司特定的质量保证指标。同时,还要对供应商的信用评级进行调查。一旦新供应商的绩效的各个方面都经过全面检查审核,这个供应商就可以成为"认可的供应商"。

与当地的代理商合作

制造工厂通常在供应商的数千英里之外,他们会在当地雇用一名代表,负责与买手或买货团队的其他成员联络。这是非常宝贵的,因为大多数制造单位位于不同的国际时区。这个代表还充当供应商和零售商之间的沟通者,缓解供应商和零售商之间可能发生的不愉快。

互联网的出现彻底改变了买手和供应商之间的沟通,实现更快的数据、信息和图像以及外部电话会议的互通。一些买货办公室通过高清晰度电视(HDTV)与主要制造商联系,即使是微小的产品细节也可以进行讨论和更改,从而使得双方的业务交流更加经济且高效。

供应商和买手之间的无缝链接确保了更高的生产精度,使供应商能够直接与零售商讨论与产品有关的任何紧急问题。快速反应可以为制造商和零售商节省大量的生产成本,这是在没有使用互联网科技或当地代表时无法轻易省下的。

会见供应商

买货办公室的接待区总是一片繁忙的景象,供应商和员工的组合不断变化,他们交谈并交换产品和信息。供应商不断把样品送到前台,这是一项由年轻的买手助理负责的收集工作。供应商提供的衣服在空间上的流动似乎永无止境,不断地变化、调整。同样,没有固定的规则——产品的性质、供应商的类型以及具体的问题通常是满足需求的驱动因素。也就是说,好的供应商往往会比不良供应商少开会议!

买手和供应商怎么合作

经验丰富的时尚买手总是说,尽管他们永远都有新的潜在供应源,但好的供应商仍然供不应求。与任何供应商的成功合作都需要建立强大而有效的业务关系。尽管买手和供应商的合作非常紧密,但他们之间最好不要发展过于亲密的(任何形式的)友谊,只需保持良好的专业联系。这使得当压力出现时,客观而非情绪化的商业判断能够占上风。

在许多企业中,时尚买手有义务公开供应商提供的礼物或奢侈的娱乐活动,以确保他们的业务决策是客观的,不会因腐败而产生偏见。退休的买手证实,一旦他们不再控制零售业的年度购买预算,他们曾经深厚的商业友谊就会难以维系。如今,大多零售商不允许买手接受供应商的礼物,避免他们因为诱惑而选择不符合公司最佳利益的产品。

供应商代表所需的重要品质

就像人际关系一样,商业关系有时也会受到压力影响——没有一种关系是完美的。理想情况下,时尚买手希望从供应商代表那里发现以下关键的个人素质:

- 能高效地对所有指令采取行动
- 良好准确的书面、口头表达和电子沟通技巧
- 能创造性地解读与样品开发有关的生产线、范围和产品类别
- 能在压力下保持冷静
- 保密性——从竞争对手和一般贸易中保守敏感的商业机密
- 具有良好的技术水平和解决生产质量问题的能力
- 在所有交易中的诚实性——交货日期、价格、问题等与业务相关的一切
- 整体个人效率——始终遵守承诺

库存管理

买手不断地在与新的、潜在的供应商接洽。他们可能是制造商、品牌主理人或代理商——所有人都想获得新的业务。大多数为大型企业工作的时尚买手在没有充分理由的情况下，无法全权引进新的供应商，尽管买手经常会遇到远多于他们需求的新供应商，但仍需要接触和审查潜在的新供应商。这是非正式的市场调研，是买手角色的一个重要组成部分。

供应商会通过各种途径引起买手的注意：

- 第三方口碑推荐，特别是同行买手或买货主管
- 直接接触
- 通过贸易杂志或文章
- 管理人员推荐
- 外国使馆的贸易专员
- 互联网
- 参加外贸展会

图3-8 会见供应商

为了确保产品质量达到零售商和消费者的标准，选择有效的供应商与选择最畅销的时尚外观同样重要。下图中，巴黎老佛爷百货公司的法国买手正在检查由东京设计师信介森下（Shinsuke Morishite）设计的日本品牌Lamarck的衣服。

监控供应商绩效

一个好的买手和供应商关系可以持续多年，但有时只能持续一个季度。没有供应商敢对无法成功销售的产品做保证。商品报告系统使用复杂的排名和权衡报告来曝光有问题的供应商。

无论何时，买手和高级管理人员都希望放弃表现不佳的供应商，以便用更新、更有希望的供应商来取代它。买手会推荐新的供应商，它们需要经过正式的审批程序才能被接受为主流供应商。对于小型的购买测试，可以放宽这些标准以达到快速商业化的目的。

买手不断面临管理压力，要求减少与他们打交道的供应商数量，以便：

- 通过从更少的供应商处购买更多的产品来实现规模经济
- 简化企业管理
- 改善买手的自我时间管理
- 让购买决策变得更简单

零售商，特别是那些快时尚的零售商，需要可靠的、能按时交货的供应商。现在许多供应商将与零售商合作，将EDI（电子数据交换）或RFID（射频识别）技术纳入供应商和零售商之间的直接沟通渠道，来执行诸如自动补货、票务和RTVS（实时视频共享）之类的任务。

"为了实现规模经济和简化流程，买手面临需要不断减少供应商数量的压力。"

定量性能标准

- 供应商提供的库存量决定了全价出售的百分比（需要大力降价的供应商意味着该公司的利润较少）。
- 劣质产品和瑕疵商品退货的数量将导致销售损失，从而利润减少。
- 延迟交货的数量，意味着由于错过销售时机而失去利润。
- 库存在季度结束时仍未售出，会导致因未来可能的降价而造成的潜在利润损失。
- 以最快的速度向市场传递新的时尚趋势将带来更高的利润，并使客户获得最新的外观。

定性性能标准

在规划季度产品范围的过程中，买手将审查每个供应商的交易表现，包括以下标准：

- 高水平的时尚创新和设计投资，意味着更好地以客户为中心，从而获得更畅销的产品，带来更高的潜在利润。
- 交易运作的整体效率。优秀的销售和设计人员会带来更完善的合作与沟通，从而可能带来更高的利润。
- 遵守买手组织和国际法确定的责任道德交易标准。否则可能造成负面宣传，导致客户的流失和利润的损失。
- 组织制造符合买货机构设定的认可和质量标准的产品，降低产品故障率。

进货方案

时尚买手总是需要跟上全球制造业的变化风向。由于第二次世界大战之后服装和纺织品制造业发生了天翻地覆的变化，专业采购部门和与时尚买家合作的专家数量发生增长。

在大部分发达国家，由于消费者习惯以非常低的价格购买时装，过去20年的服装价格实际上是在下降的。

时尚买手的目标是利润率，他们总会试图为他们的生意争取最大的价值。然而，仅仅追求低价是危险的，可能会导致发展成一个平庸的时装系列。

制造廉价的服装

到目前为止，技术还是无法取代人类的手工缝制技能。由于大量的技术是机器不可替代的，制衣业不可避免地向生产力最廉价的国家转移。然而，生产廉价服装也存在负面影响，对制造快时尚产品的人和国家都可能造成严重的环境后果。经济史表明，随着劳工生活水平的提高，低廉的劳动力成本最终会变得更加昂贵。甚至有证据表明在相对廉价的市场，例如印度，存在"逐底竞争"的现象，所以制造商会为了降低成本向成本更低的国家转移。

买手还面临着道德困境，这些困境可能不会直接影响他们，但应进一步认可和审查，以确保供应链所有成员的健康、安全和福利，以达到普遍标准。像童工和奴役、造成污染的生产过程、不平等和不合理的工资这样的问题仍然是困扰这个行业的主要因素。虽然买手不能在这些问题上教育公众，但他们可以通过适当的研究和追踪，降低与这类供应商合作的风险。

全球采购

全球每个地区都提供了生产高质量、低成本时尚产品的潜在机会。如今，零售商面临的最大问题是国际劳工法和有竞争力的工人工资，在与海外供应商达成协议前，应先对这些问题进行调查。

亚洲

中国、印度、斯里兰卡和孟加拉国是目前正快速发展的主要服装生产地区。柬埔寨、泰国、越南、中国的西藏地区等也值得关注。这些国家的服装生产会向提供廉价和现成劳动力的邻国转移。

西欧

西欧的纺织服装制造业面临着由劳动力成本上升带来的压力，特别是在英国、法国、德国、比利时、荷兰、葡萄牙和意大利。这些国家的时尚产业通常以高品质、高设计、高价值和高科技的形式存在着；或者是用于简单快速地来响应产品。欧洲通常使用非法移民劳动力进行更便宜的终端生产。

东欧

土耳其是一个重要的服装生产区，其他东欧国家，如塞浦路斯、匈牙利、保加利亚和罗马尼亚也生产服装，而这些国家已经遭受了生产成本较低的亚洲的价格竞争。

图3-9 时装的价格

当零售商努力为消费者维持低价格时,也同时低估了以这种方式开展业务的负面影响。

较低的时尚价格 =

正面影响
× 更高效的运输和物流
× 推动低端零售运营商的发展——例如折扣商店
× 更强调制造商和零售商之间的直接交易,减少代理和中间人
× 随着消费者变得富裕,时尚需求总体增长

负面影响
× 消费者穿过几次之后就处理掉,增加了污染和废物的排放
× 中端市场零售连锁企业很难在价格上竞争,导致倒闭、裁员、利润减少等问题出现
× 消费者对质量和品位的要求下降到基本水平

非洲和中东

非洲是纺织服装业最有前途的大陆。南非是非洲大陆最大的制造国,但其他几个北非国家(以及前殖民定居点)也发展起了制造业,尤其是阿尔及利亚、摩洛哥和突尼斯。未来,非洲很可能成为最大的服装和纺织品生产区——它有大量的失业人口,这反过来就有可能提供大量廉价劳动力。还有一些服装生产商在中东国家开展业务,如叙利亚、埃及和以色列,但都面临着来自中国的价格竞争。

美洲

北美曾经的纺织服装业最初以生产棉花的南部各州为基地,但后来像欧洲国家一样衰落了。一个庞大而繁荣的服装制造业随后在墨西哥边境地区发展起来,至今仍然蓬勃兴旺。然而,美国一直在推动"外包"业务。在未来几年,我们肯定会看到这种势头增强,并开始出价超过其他市场,哪怕只是出于赞助动机。

图3-10~图3-13　全球采购

由于大量的技术是机器不可替代的，服装制造已经向劳动力最廉价的生产国家转移——但对于那些生产快时尚产品的国家来说仍有潜在的对社会和环境的不利影响。

进货方案

开发产品类别和选择产品线

买手永远在考虑未来的季节性购买,他们会在实际购买之前对颜色、款式和品牌理念进行思考和整合。他们将最初的想法转化做成第一批样品或在访问外国商店期间购买样品。跟单员会和买手合作决定下一季的采购计划中需要多少个系列、颜色和尺寸,为那些给发达国家生产快时尚产品的地区提供每个产品类别的购买计划。

选择产品类别

买货实践的第一个关键部分是决定首先开发和购买哪些产品类别。显然,那些交货时间较长的产品(例如针织品)要优先于更简单、能快速交货的产品(如剪裁和缝制的棉质上衣)。

买手将在早期预测阶段或商品规划阶段决定哪些产品品类在下一季有可能出现增长或下降,或是"继续趋势"和"偏离趋势"。买手和设计师将召开会议讨论趋势,可能会从趋势预测服务中获取指导。然而,没有什么是可以保证的,这时经验丰富的买手可以发挥他们的能力,综合大量的信息以做出正确的类别平衡。

选择产品线

在选择产品类别之后，买手需要选择构成每个类别的实际产品线。首先，买手应该考虑到，小型商店和大型商店提供的产品线分别是怎么样的。小商店的范围总是最难决定的，因为可以满足顾客总体需求的选择太少，而产品的空间通常是有限的。

相对于需要购买和交付给店铺的产品数量，买手准备的样品线数量要多很多。买手会不断改进产品线，直到最终敲定。这个最终选择是由团队整体进行的，其中也包括买手助理。因此，在此过程中，买手和企划师之间的讨论和思考过程至关重要。这时，买手将开始关注纤维、纱线和纺织品的选择，并用于最终选定范围。

选择合适的供应商开发产品线

面料和服装的成本价格是所有类型的时尚买货要考虑的关键因素，但是最低廉的价格并不总是最重要的谈判目标。时尚买手在选择供应商时也会寻求其他的保证。

产品质量
供应商（制造商或品牌）是否会提供符合企业预定质量标准的产品——它是否会磨损，能否洗涤，耐用性如何？没有买手希望客户退货！

产品交付
供应商能否及时在计划销售期内交货？

产品时尚水平
供应商能否有效地诠释所需的时尚？这个品牌的时尚程度是否合适？供应商的创造力非常重要。

沟通效率
供应商是否始终与买手及其核心团队保持定期沟通。

兼容个性
供应商代表能否顺利进行买卖？

人道主义的生产
供应商在管理自己的采购和制造中是否符合道德标准？例如，联合国通过联合国儿童基金会制定了青少年在工厂开始工作的建议年龄——通常是从16岁起。

图3-14 最终敲定

模特在米兰秀场上展示卡尔文·克莱恩（Calvin Klein）的2016春夏系列。

面料选择

颜色、面料创意和趋势是所有时尚买货的起点。在第2章中，我们探讨了趋势和趋势预测在购买决策中的应用。在确定一系列的服装风格或款式之后，面料的选择通常是最早的购买日程中的决定。它涉及细致的思考和规划，以及从买手提供的面料范围对所需服装进行适当的选择。

纤维类型

织物由动物或植物的天然纤维（如羊毛或棉花）或人造纤维（通常由矿物或合成化学物质，如丙烯酸或聚酯）制成。通常，几种合成纤维和天然纤维编织在一起可以创造出具有更好的外观、手感或功能特性的织物。

面料类型

由纱线针织或机织发展而来的织物有两种主要类型，下面将更详细地讨论这两种类型。

针织，梭织和黏合面料

针织面料通常是由单根纱线或多根纱线缠绕而成。这些环形纱线形成垂直和水平的连接，分别称为经线和纬线。当两条纱线交织在一起，成为机织面料，经纱沿着织物的长度向下延伸，纬纱穿过织物。黏合面料通常用于衬里，在服装上需要加固的部位将衬布与面料简单地黏合在一起。

织物可以在纱线阶段染色，也可以在成品织物或成衣阶段染色——也就是"匹染"和"成染"。有时织物会保持未染色状态——买手可以在季节将近的时候再做出染色的决定。时尚买手不必知道每一种可用纤维的纱线类型，但是他们大多掌握一定的纺织品科学的相关知识，因为他们要对选定的衣服的面料和纱线的适用性做出决定。

印花面料

印花产品的尺寸、颜色和流派都是可设计的，所以印花趋势经常成为规划时装系列的决定因素之一。印花的尺寸、结构和重复长度会对服装的成本产生巨大的影响，尤其是大幅印花，因为在对花、裁剪的过程中很容易产生浪费。鉴于时尚趋势改变的速度，买手经常会寻求印花专有权，以使其产品系列具有竞争优势。

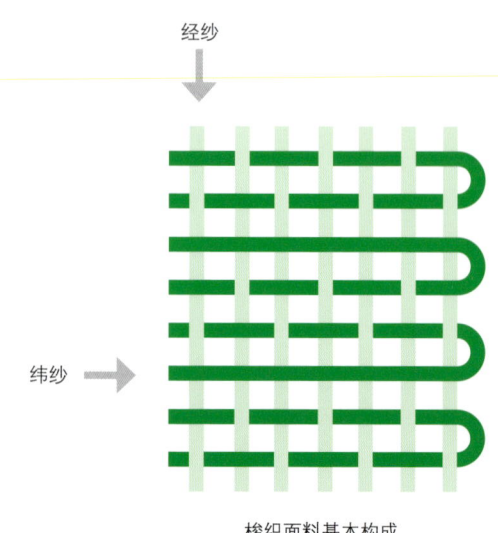

梭织面料基本构成

面料选择　79

图3-15　手工和机器织物
面料及其在制造过程中如何处理，差别很大。也就是说，人工技术是无法由机器或机器人取代的。

图3-16　织物的三种基本类型
买手需要不断地了解新的纱线和面料的发展趋势，从而使新产品更加完善。纺织技术的进步不仅为时尚市场提供了流行的创新，也提供了更昂贵的选择。

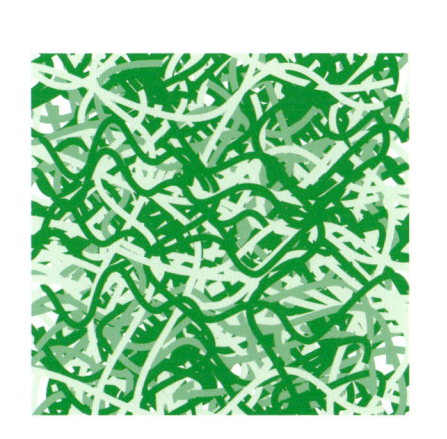

线圈纵行

横列组织

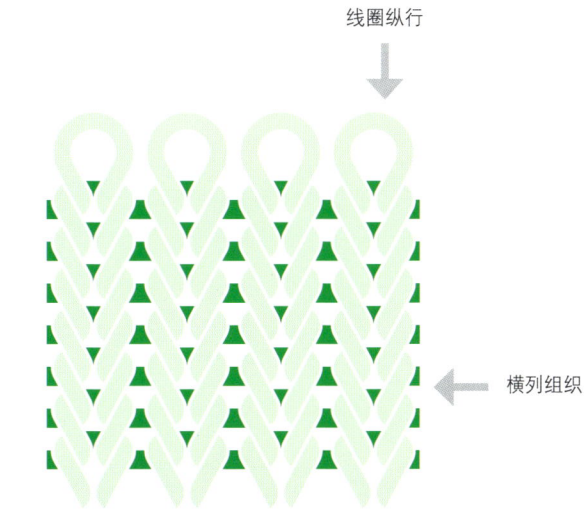

黏合面料基本构成　　　　　纬编针织面料基本构成

流行更替和时尚购买周期

一般来说，面料制造商在季节之前至少提前12个月开发新的面料、设计、印花，并将其制成一系列服装。因此，时尚买手购买先前已经存在的产品范围内的面料是很正常的，除非他们是为一个大型企业工作。有时，一些大型商店的买手会在计划的购买季节前大约6个月左右，从头开始设计一种独特颜色和印花的面料。

采购行程

自有品牌买手会前往核心产品现有或潜在的供应商所在地区进行一年两次的买货。行程通常为期两周，买手会和管理人员一起访问不同的供应商。

早期的访问是为了开发样品、规划、概述生产和交付的情况，以及寻找新的产品、供应商和品牌。同时，买手还会参观一些外国城市有趣的购物区，寻找新的和令人兴奋的产品，以引入时尚组合。

出国买货被许多人看作是一项工作福利。但在现实中，需要完成预先计划的要求，工作量繁重（买手通常会每天安排多项日程），对买手的要求非常苛刻。

越来越多发达国家的买手（这些国家的本土制造业正在衰退）需要前往印度、孟加拉国、土耳其和远东（尤其是中国）等全球制造业市场。通常，外包工厂的供应商会同意在总部的买货办公室与买手会面，以帮助买手最大限度地提高工作效率。有时候，跟单员会为了生产计划加入这些行程中。

图3-17 采购面料
许多制造商会预先设计和制造纺织品以供买手选择，从而加快交货速度。

图3-18 时装供应链

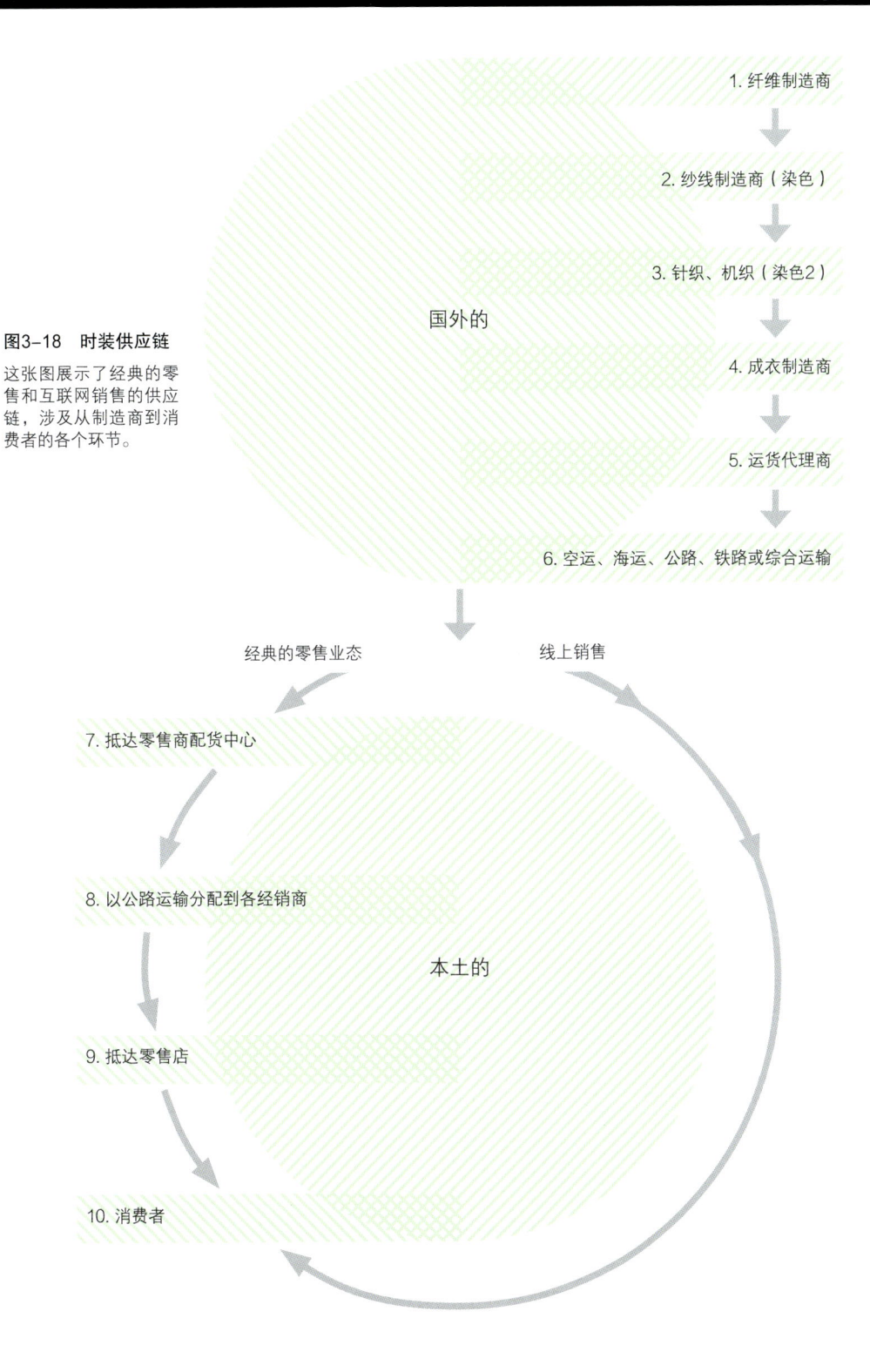

这张图展示了经典的零售和互联网销售的供应链，涉及从制造商到消费者的各个环节。

国外的

1. 纤维制造商
2. 纱线制造商（染色）
3. 针织、机织（染色2）
4. 成衣制造商
5. 运货代理商
6. 空运、海运、公路、铁路或综合运输

经典的零售业态　　线上销售

本土的

7. 抵达零售商配货中心
8. 以公路运输分配到各经销商
9. 抵达零售店
10. 消费者

时尚买手和面料采购

所有的买手都希望自己采买的服装比竞争对手更好卖,而采购一些带有创新性的面料也可以帮助实现这一点。挑选面料是买手日常工作的重要部分。优秀的买手需要不断地探寻新的、令消费者眼前一亮的面料。受此影响,越来越多的新型纤维和纱线被开发出来,为面料制造商提供竞争优势——但这种创新在商店中的速度差异很大。

买手需要根据特定市场的要求以最合理的价格购买面料。一般面料市场的价格起伏在每平方米2美元到每平方米3000美元之间,不同的面料价格存在巨大差异。

请记住,在服装制造中,不同的服装所使用的面料尺寸差别很大(比如比基尼需要的面料与一套新娘礼服所需的面料)。买手需要快速计算出产品所需的面料尺寸,得出每平方米他们能够接受的最低价和最高价。

时尚买手需要定期与以下人员、部门或组织会面:

- 大型面料制造商的销售人员代表、代理商
- 面料商——作为散装面料的股东(通常用于小型企业)
- 内部和外部设计师——不断为市场寻找新的和不寻常的面料
- 同行买手和服装内部技术专家——参与他们的定期研究
- 现有和潜在的制造商——持续寻找下一个新的制造商
- 自己的买手、技术专家——学习大型企业的专业功能

产品交货期

有很多因素单独或共同影响着交货时间。一般影响生产交货时间的因素如下:

- 消费国的总体经济形势。良好的经济形势也就意味着对服装的需求旺盛,反过来也就是对工厂的需求也很旺盛。
- 工艺复杂的产品意味着需要更多专业的制造商。比如生产针织面料的工厂比制作机织面料的工厂更需要提前预订。这是因为生产设计针织服装比机织棉质服装所需的裁剪和缝纫要麻烦得多,因此需要更多时间和资金。
- 面料、衬里、纽扣和装饰品的供货和交货时间。
- 时间:在一个季度开始之前,工厂往往处于淡季,这意味着交货时间会被缩短。一旦新的季节开始,市场上大量的订单被挤在同一个时间出货。
- 本地假期,特别是农历新年的时间安排——大多数工厂休息。与中国制造商有大型订单的买手需要特别注意这些日期。
- 由于某一特定季节的某种服装类型或面料的趋势所导致的忽高需求。
- 货币流动——如果当地货币对于买手的制造商国家来说较便宜,那么这将导致市场对制造的高需求。

图3-19、图3-20　不断进步的科技水平

织机和针织机的工作速度越来越快,并且能够编织更加复杂的设计和图案。精明的买手会确保他们始终与新技术的发展保持同步。

选择与采购服装

在买手选择面料和纱线之后，由高级管理层"签署"决定哪些服装可以进入最终范围。通常情况下，除了非常小的企业之外，买手将最终订单送到服装制造商处"签约"之前，需要得到上级部门或董事会管理层的许可。

采购计划是买手、设计师以及团队中的商品企划人员一起制定的（挑选适合特定商店的品牌、款式、颜色和尺寸的数量）。之后，买手会将初始选择的大量样品削减至更窄的范围。在过去6个月的选品规划里，大量样品被淘汰，因为买手总是习惯在最终选择范围确定前收集更多的样品。

在第4章中，我们将进一步了解商品企划的过程，并继续探讨正确的组合商品在零售商店中的重要性，以及买手和商家如何共同努力，才能确保从制造商到零售商的成功转型。这是买手和供应商之间关于初始采购与沟通之前、期间和之后工作的过程。

图3-21、图3-22 女装和男装
女装时尚买手相较于男装有更大范围的选择，因为款式、类型和设计更具有灵活性。

选择与采购服装

案例学习

弗拉尔·恰尔德（Feral Childe）

弗拉尔·恰尔德不仅仅是一个当代的设计品牌，更是时尚和艺术的化身。设计师爱丽丝·吴（Alice Wu）和莫里亚·卡尔森（Moriah Carlson）每一季都在努力创造独一无二的印花图案，在系列中使用。每个季节都会带来一系列华丽的图形，以及全球纺织品制造商提供的有趣纹理和图案。从卡迪棉到丝绸绉纱，每块面料和印花都蕴藏着一段故事，这些故事在他们的服装廓型中进一步体现，当然也是设计师本人的心声。

时尚的反主流文化正在迅速发展——一种朝着更可持续、更道德的制衣业发展的运动，弗拉尔·恰尔德就是引领这场运动的先锋品牌。虽然很多设计师和零售商看起来处于快速转型和理想的快时尚时代，然而在这个环境下，弗拉尔·恰尔德选择了慢时尚，将重点放在复杂的设计细节和高品质的工艺上。

图3-23~图3-25　时尚前瞻思想

弗拉尔·恰尔德的两位设计师将艺术、时尚和商业结合在一起，为女装成衣市场带来独特的印花图案。

案例学习

专访
爱丽丝·吴（Alice Wu）

爱丽丝在Wellesley学院完成英语文学本科学位后，遇到了她的商业伙伴莫里亚·卡尔森。她们将友谊变成了一种商业关系，共同创立了当代时尚品牌弗拉尔·恰尔德。在大学期间，爱丽丝修读了艺术绘画和版画专业。她学习缝纫、设计和制作家具，还学会了自己制作陶器。毕业后，她和莫里亚被聘为前艺术教授的工作室助理，这让她们有更多的时间在一起，谈论并最终实现弗拉尔·恰尔德的合作项目。

同时，随着弗拉尔·恰尔德品牌的不断发展，爱丽丝期间还在波士顿的杰弗里·B.思茂（Geoffrey B. Small）工作过。主要担任裁缝和计件工作，偶尔做一些平面设计和办公室工作。在勉强维持生计的情况下，爱丽丝作为律师助理，在附近的律师事务所进行夜班工作。进入杰弗里·B.思茂时，她对时尚界知之甚少，但事实证明，经营一家独立品牌的严酷现实，成了她的一门极好的速成课程。在精品店任职期间，她有机会飞往巴黎，在那里她参与了杰弗里·B.恩茂的新品走秀，还参加了静态订货会，并与国际买手一起在秀场外搭建了订货展厅。业余时间，她还在卢浮宫卡普塞尔厅（Carrousel de Louvre）为索尼娅·里基尔（Sonia Rykiel）和洛丽塔·莱皮卡（Lolita Lempicka）发布了几场T台秀。

在杰弗里·B.思茂（GBS）工作了将近一年之后，爱丽丝更认同自己是一名艺术家，并决定离开时尚界，搬到纽约，在那里她曾短暂地从事非营利艺术管理工作。爱丽丝会花时间在市中心的面料批发市场，寻找有趣的、独特的东西。当她开始在纽约市中心穿她自己设计的服装时，人们经常会问她在哪里能买到这些衣服。正是这种独特的、前卫的风格使她收到各种各样的艺术展览的邀请，而不是简单的参加。当时，她和莫里亚（Moriah）合作一个名叫"激动时刻，塑造自我"（"IT'S ANEXCITING TIME TO BE ME"）的项目。她们开始在纽约市东北部的精品店销售，并且将她们制作的独一无二的服装融入艺术装置和表演。

爱丽丝最终离开了纽约，离开了她的艺术圈，来到耶鲁大学艺术学院攻读雕塑硕士学位。同时，她的合作者莫里亚正在纽约工作室学习绘画。在那些年里，她们主要做一些独立的艺术项目，但是在2002年她们找到了另一个共同目标。随即两个人推出了弗拉尔·恰尔德，开始将她们对时尚和美术的热爱结合在一起，遍布美国和其他国家精品店的可穿艺术品应运而生。

Q：您在弗拉尔·恰尔德中扮演什么角色？您负责哪部分工作？

A：在弗拉尔·恰尔德，我们每个人都负责多个事项！我是联合创始人和设计师。每个季度，我们都会花很长时间去开发我们的系列，在这个过程中我会设计草图，并为我们的印花创建原始艺术作品。我们检查面料，并以团队的形式进行销售。由于我和我的商业伙伴住在相对的海岸，一旦我们的设计过程达到了一定的程度，我们将分开完成各自的任务（我从2006年起就一直在纽约和奥克兰两地之间往返）。我做面料搜集和采购，准备产品的重复制造，并协调好工厂和印刷人员。同时，莫里亚住在纽约，我们在那里剪裁和缝制。莫里亚与我们模特、图案师和制造商合作；她确保每件服装细节都是完美的，样品可以投入市场，生产符合我们的质量控制标准，每个季度都能按时交货。我也是创意总监，需要构想产品册和拍摄，监督所有的平面设计、网站、社交媒体和其他品牌的附属品，以确保弗拉尔·恰尔德的信息传递是清晰的。我还需要将我们的系列推上市场，并与买手接触，我做的一切与销售、营销和推广有关。比如，我一直在旅行，无论是商业展览还是路演。我还会组织一些特别活动，并一直在研究选择更好的、可持续发展的采购和生产实践。

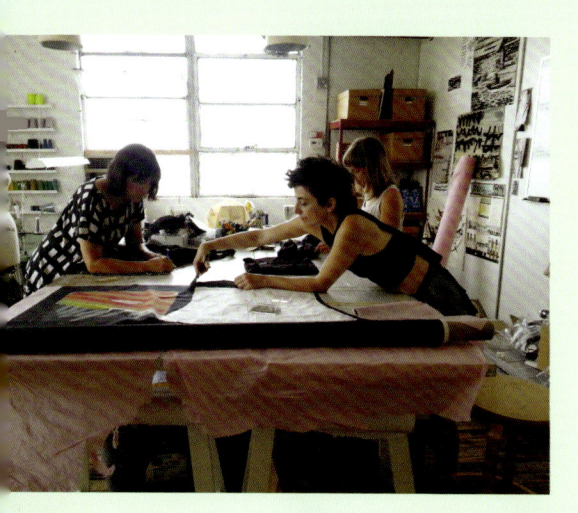

图3-26~图3-28　"时尚之星"艺术作品
在美国东海岸和西海岸的时尚和艺术人群中，爱丽丝拥有了追随者。

Q：每个季度，弗拉尔·恰尔德将美术作品制作成华丽的印花纺织品。你们是如何将这些艺术图案印在面料上的？

A：多年来，我们与面料供应商建立了良好的关系。我们可以依赖于某些工厂的高品质、一致性和按时交货。通过实验和不断地测试，我们熟悉纤维的种类以及最适合创造的各种图像的编织种类。我们的原始作品可能是素描（铅笔或钢笔）、拼贴画、水彩画、照片或其组合。我们在几个不同的底物上进行试印，因为这些图像并不总是像你所想象的那样。面料的选择也与商品推销密切相关——我们提供的色彩数量、实体以及可以创建的装备。由于开发进度非常紧凑，没有太多时间允许出错。

Q：如何将您的印花纺织品卖给零售买手？您的故事卖点是什么？

A：每个季节，我们创造新的图案来讲述系列故事。我们的目标是设计出令人满意的印花纺织品，使其成为独特的纹样，而且与弗拉尔·恰尔德创造的持续神话有关。我们发现买手非常喜欢了解每种印花纺织品的创作背景，从灵感来源到将创意转化面料所涉及的技术。当我们有幸请到一位买手访问我们的工作室时，我们会向他们展示原始的作品，在观看艺术品与成品面料和服装并排展示时总是很有趣。

Q：与零售买手合作的一些挑战是什么？

A：每个季节都有来采购弗拉尔·恰尔德的买手。我们很幸运能与这么多现有买手建立长期合作关系。对整个季度的每个单品进行检查是非常耗时的，但这至关重要，可以确保产品在商店售卖状况良好，并能快速解决产品在该季度里可能出现的任何问题。我们努力为客户提供尽可能多的个性化关注，更重视买手对舒适度和造型的反馈意见，因此处理这些信息可能会非常棘手！

培养与潜在买手的关系也需要时间。潜在买手可能会对产品做出积极的响应，但由于种种原因，他们可能无法购买。他们可能个人喜欢这个产品，但他们对自己的客户群没有信心。他们可能会担心，他们的客户过于保守，或者价格层不太符合。他们可能需要几个季度的市场反应，才能决定是否与我们合作。有时买手只会尝试几件；他们可能更多的受单品影响，而我们鼓励更广泛的购买，以便更好地讲述每个系列的故事。大多数的买手会按时付款，但有些要求在最晚的时间交货付款，这意味着我们在开始销售之前得不到款项，销售时间也会减短。我们宁愿接受以银行汇款和支票的形式支付，因为信用卡对买手来说很方便，而其产生的附加费用对我们来说确实变得越来越贵。

Q：当零售商出售其他制造商的品牌时，它会如何影响弗拉尔·恰尔德品牌？您如何确保品牌在店内保持焦点？

A：每个季度都会推出很多新品牌，在商场的货架上获得空间比以往任何时候都更有竞争力！我们希望零售商能够挑选合适的品牌组合，这将提升品牌的销售潜力。买手的企划能力是至关重要的，我们赞赏那些每个季度都拍摄自己的产品册来表达他们独特观点的零售商。我们希望成为一个很好的公司，所以我们相信零售商会把我们放在适合我们的价格层面上。在可能的情况下，我们可能会向零售商透露我们正在开展的工作，以便在下一个时装周之前激起他们对下一个系列的兴趣。这实际上是我们在与零售商保持联系，并在这个基础上，持续理解他们的需求。

Q：有没有过出于道德原因您不得不与零售商分道扬镳？是否曾经不得不把零售客户转走？

A：我们惊于那些多久才被我们所知的买手。自从我们开始批发，就有了从我们这里订货的买手。我们没有因道德原因而终止关系，但某些关系已经变味，或者从一开始就不是特别健康。我们的大多数买手都很随和，和他们做生意是很愉快的，但难免有些人要求非常高、不合理、情绪化又难以捉摸。虽然我们很难拒绝订单，但有时对于我们来说，最好的选择就是不再与难搞的人一起工作。我们的目标是共事愉快，并且与我们的买手可以有商量的余地，如果我们感到被不公平地利用，那就是说再见的时候！

如果我们在区域市场达到饱和或者零售商的品牌组合与我们的审美不一致，又或者没有网站，甚至有一个丑陋或运行不良的网站，那么我们会选择放弃这个买手。

此外，我们不直接发货和交付。有太多未经认证的在线零售商出现在市场上，所以我们非常小心采用新的仅在线上买卖的账户！

Q：设计师和零售买手的关系有多重要？

A：我们与买手的关系对自身独立品牌的生存至关重要。一个人的声誉在行业里代表了一切。随着时间的推移，我们培养了与买手的关系。我们分享对消费行为、销售业绩，以及成功与失败的看法。我们相互寻求商业建议，相互庆祝彼此的成就，并尽可能地相互促进影响。我们始终在一起。

"似乎每次我试图逃离时尚时，过去的经历都会让我回想起来！在弗尔拉·恰尔德发展的早期阶段，结合了开发产品的一部分，诸如在高端家具店工作、担任法律秘书、教学和咨询等杂务。在那之后，我们继续为画廊和博物馆制作小型的产品和举办展览，并应邀前往遥远的地方，如日本、丹麦和卡塔尔。"

总结

本章中，我们介绍了买手与供应商之间的关系，也认识了供应链中决定选择和设计最终产品系列的各个参与者；讨论了关于买手市场调研与沟通策略技巧；并重申了买手成为优秀的时间管理者和前瞻性思想家的重要性。本章还探讨了寻找货源这一重要问题，如交货周期和供货可持续性等，强调了买手在激烈的全球市场竞争中的潜在机会。本章最后总结得出：买手想要完成一季成功的买货，除了努力工作、关注细节外，还应掌握一系列必要的专业知识，如纺织科学、服装产品开发，以及买手在这一过程中所应发挥的作用。

问题与讨论点

当我们清楚了只有通过合理的采购才能给消费者提供所需的产品时，买手应换位思考了，即从消费者的角度考虑以下几个问题：

1. 你最常购物是哪家时尚店铺，以及最好的系列产品是什么？
2. 该店畅销的产品品类是什么？
3. 当你为自己挑选服装时，你觉得必须具有哪些属性才是时尚的产品？
4. 时尚店铺的橱窗中什么样的主题和展示会让你驻足观看？
5. 回忆一下，你经常光顾的时尚店铺是否有过多或过少的存货。究竟是什么原因造成了这种现象的产生？
6. 你是否还记得上次路过你最喜欢的店铺的橱窗颜色、主题、工艺，以及服装款式？

练习

由于买手需要定期进行有竞争力的购物旅行，他们需掌握客观的观察技能，了解竞争对手的产品组合，从而帮助他们（和管理层）开发下一季的产品。单独或组团访问当地两家时装商店（零售商A和零售商B）。选择定位在目标客户16~25岁的、有竞争力的时尚零售商。

当你在商店里浏览的时候，请回答以下问题（你可能需要进行多次访问）。建议在商店外面时再写下笔记，而不是在你研究库存的时候，因为零售商对在商店中公开研究的人员比较敏感。

1. 在你确定的店铺中，选择一个品类（例如连衣裙、女衬衫、牛仔裤），然后仔细检查库存，并回答以下内容：

- 所选品类有多少种不同的款式？
- 哪些尺寸范围会有库存？它们有所不同吗？
- 货架上是否至少有每种颜色的每个尺寸可供选择？如果没有，请尝试估计客户无法获得尺寸和颜色选项的百分比。
- 每个品类有多少种不同的颜色或印花？

2. 访问两个店铺，详细了解每个产品品类，准备一个针对采购经理的十分钟口头陈述，然后回答以下问题（比较零售商A和零售商B选定的产品品类）：

- 哪家店铺有更全面的产品以及多少数量？例如，展示多少个单独的产品线或款式？
- 比较每个品类的号型范围——并得出具有最大范围的号型。
- 比较两个店铺哪一个库存量更大？哪个库存的单件尺寸和颜色最多？
- 两个店铺中哪一个是供需最平衡的？

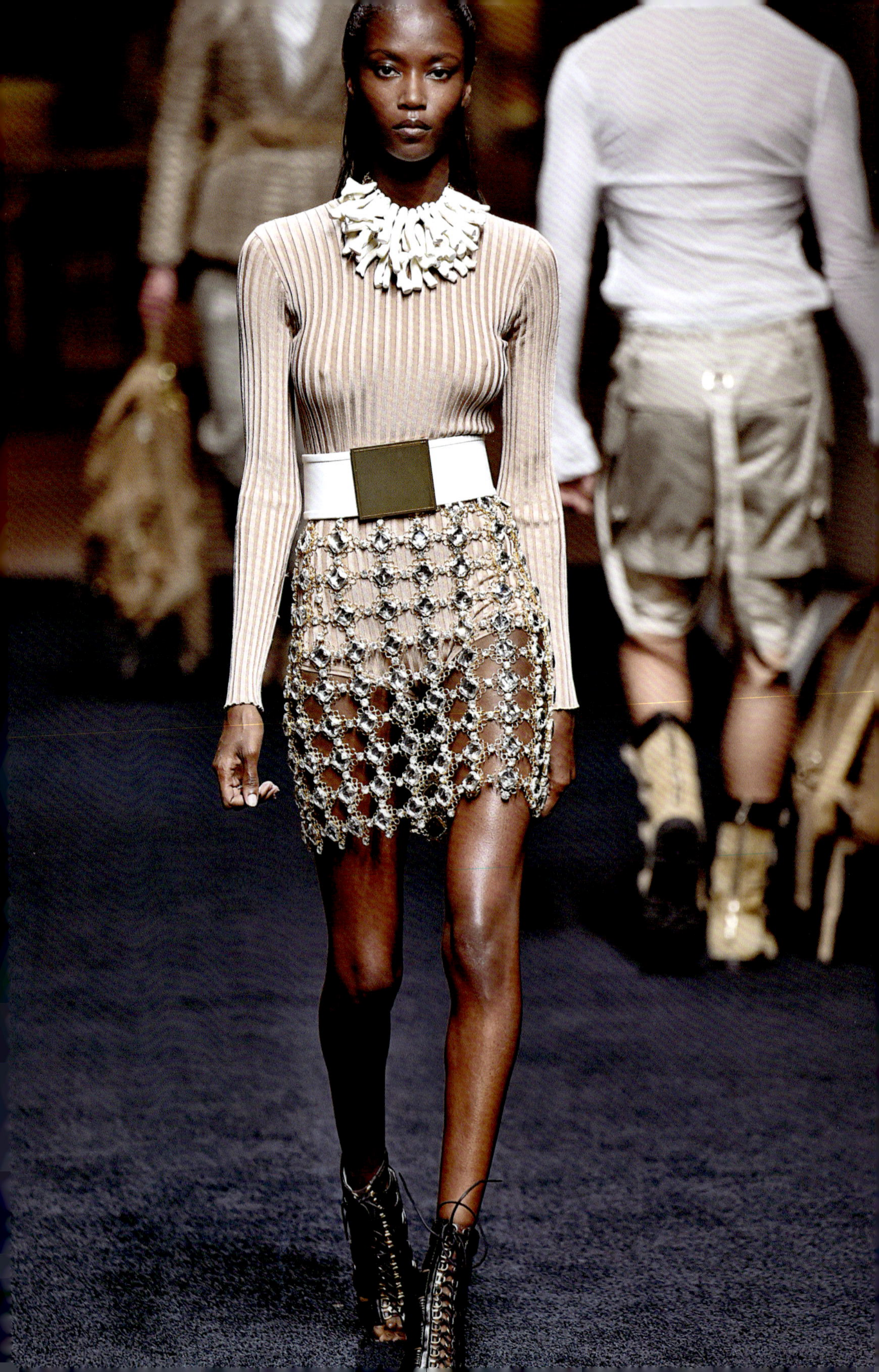

4 商品企划

许多高级别的董事和经理都是通过商品企划而不是采购规划进入的时尚行业，但很少有初入时尚行业的人会考虑商品企划这个渠道——即使它是一份有趣且酬劳丰厚的工作。在本章中，我们将研究时尚买手与时尚企划师之间的密切联系，并将复杂的商品企划过程置于文中。这里所提及的商品规划涉及从制造商到零售商的产品的数字化和物流规划，这要依赖于细致的高级研究和规划。拥有过硬的时尚购买和销售实践能力对于企业实现利润最大化是至关重要的，因此，时装买手通过使用由业务总体财务目标驱动的关键绩效指标（KPI）作为其业务绩效的衡量标准，随后实现在销售和库存上的惊人成绩，因此商品企划对于所有时尚企业而言都是至关重要的。

图4-1　2016春夏
对于这个季度的系列产品，巴尔曼（Balmain）的预售女装以重型装饰点缀的性感摇滚风展示了品牌经典。

什么是商品企划

商品企划者必须衡量商品的每日、每周和季节性需求，其中可能包括最难预测的消费产品之一。这种困难由许多因素造成，其中，成功监测和控制库存的需求也许是最重要的。如果时装企业库存量太少，可能造成销量少于竞争对手；另一方面，如果库存太多，则会出现投入资金不能流动的现象。

更成问题的是，这类库存滞留会引起零售环境的混乱，阻碍零售商展示其他能够使商家从消费者身上获益的成功商品。这种情况终将导致由销量减少、季末价格下降（降价）、RTV（返回供应商）或慈善捐款引起的盈利减少。

除了几种基础款服装，如袜子、简单内衣或工作服，可以四季销售的商品很少，这就是零售组织内强烈需要稳固商品规划的原因。这些企划者与买手和其他组织成员合作，确保将对应的产品及时分配给商店。企划人员也有助于过渡季节性产品，并协助其他店铺间（如果有的话）进行物流配送。

> **时装采购的复杂性**
>
> 时装采购是最复杂的消费者产品采购种类之一，理由如下：
>
> **不可预测性**
> 时尚和趋势变化迅速且频繁——这可能会使企业拥有超额不可销售的库存，从而降低整体盈利能力。
>
> **季节性**
> 季节变换会造成对于不同类型和重量的面料以及服装的需求——天气变化不可预测，且产品需求也快速变化着。因此，维持正确的供应水平始终是一个问题。
>
> **产品复杂性**
> 对于男女、儿童都有很多不同类型的服装。外套、内衣、正装、休闲服装在尺寸和颜色选项的组合之下，出现了成千上万个单独的库存单位（SKU）。

图4-2 关键绩效指标

回顾关键绩效指标（KPI）可以让买手和商家快速积极地对可能导致利润减少的业务做出反应（本章将进一步讨论）。

买手和跟单员的关系

关于时装采购，商品销售管理常常被混淆为与另一种时尚技能，即视觉营销相关。然而，与采购相关的商品销售是非常不同的，它需要高水平的计算，以便成功地规范、监控和控制买手提出的采购规划。

另一方面，视觉营销致力于创造能吸引消费者通过战略性产品布置和视觉陈设来购买商品的环境。有时，如果零售商规模足够小，零售视觉营销的工作内容可能包括了跟单员的工作内容。

一般来说，买手和跟单员通常具有相似的管理权限。他们通常紧密合作，确保他们的采购团队（通常是一个单一产品部门）实现其特定关键绩效指标（KPI）——该季度每个采购部门需要明确的一系列财务目标。

当规划新的产品范围或定期交易时，买手和跟单员几乎总是协同管理。买手生病或休假时，一个好的跟单员甚至可以单独做小型的日常购买决定。同样，能够做出与商品销售相关的主要策划和运营决策的好买手屈指可数。

在新季度初，买手和跟单员需有效控制和引进三个季度的库存：

- 上个季度——清理和标记销售滞留产品线
- 现季度——根据经销和监控对销售情况的反应来调整产品采购量
- 未来季度——拟样本，预写订单和拟交货时间

买手和跟单员需要自律，有组织且能够对复杂的任务做出迅速反应，尤其因为他们的绩效最终将由上级管理层规定的关键绩效指标衡量。

库存/供应天数

一个商店销售档期的某特定产品库存需要多长时间——通常以周或月计

库存效率

常态的库存数量VS已经销售的数量——表现为百分比（存销比）

毛利率

赚了多少钱VS投资了多少钱，用总投资金额数目减去一个特定产品总赚取金额数目进行计算，并最终以百分比的形式表现

买手的直觉及规划

从以往经验来看，买手在实际购买产品时有更直接的权限，特别是在大型商店的买手几乎没有数字化计划支持或电脑库存控制系统的时代——而如今这些设备和技术都在各个行业得到了广泛应用。全球时尚市场正变得越来越难把握、多变且成长迅速，竞争也越来越激烈。此外，消费者正在变得越来越苛刻，他们希望有不断迅速的转变。消费市场也不断地被分解成更小的细分市场，零售商能否购买到合适的产品成为更大的挑战。消费者现在可以通过众多渠道——互联网、邮购目录或商业街商店购买，以便立即获得所需物品。他们也在时尚类购买过程中变得越来越有影响力；主要是由于个人通信技术的发展和更快的思想传播（即社交媒体和智能手机）。提前6~9个月计划的老办法已经不再适用了。买手，特别是跟单员，现在必须对消费者需求的变化做出更快的反应。显然，买手和跟单员仍然需要做好计划，以确保外国工厂的交货，但也必须能够快速切换计划并快速响应不断变化的消费者需求。毫无疑问，一个更加复杂的时尚采购世界对于我们所有人来说都比以前更加复杂。现在，买手必须达到比以往任何时候更高的标准，而今天，由于各种科技手段的出现，他们的表现也可以直接由各项指标体现。

如何判定买手是否成功

因为其专业性、技能和能力为下季度创造了好的开始，买家通常能够得到相当的补偿。而其中优胜者通常被称为"有眼力"，但许多年轻入行者并未意识到时尚买手也需要财力支持。想要在时尚中找寻乐趣，首先需要坚实的经济基础。如本章前文所述，管理团队会对每个采购团队由一系列关键绩效指标进行监控和评估。如果所有采购团队都实现了计划的关键绩效指标，那么该业务将持续获利。假设他们都达到了计划的大多数指标（有时是所有），那么大部分采购团队在基本工资的基础上还会得到奖金。在新季度采购开始时，基本销售计划会是第一步，通常随后还会有利润计划。利润可以被大致描述为工厂成本价格与商店出售服装价格之间的差额。一般来说，去年的交易表现是建立新采购计划时的基础。如果一个部门交易良好，则被描述为"流行"，对应的是"落伍"。在时装行业中，所有部门几乎不可能全部立刻跟上潮流，有时候，裙装作为基础款会存在好几个季度，且在之后的某个季度则开始可能被看作落伍。服装，像独立时尚本身，常常在时尚领域中脱颖而出。

图4-3 各类降价

当零售商店出现大规模的货架清仓时,这可能是一个强有力的指示,即这个采购团队购买了各个类别大量的相近商品,然而这波商品的流行热度在库存售尽前就消亡了。

"你所穿的就是你向世界所展示的你自己,尤其是现在,人们的交流变得频繁快速。时尚成了即时交流。"

——缪西亚·普拉达(Miuccia Prada)

KPI描述

一些时尚买手办公室常用指标描述如下。还有其他的指标存在,但这些是最重要的一些,它们具有时尚策划、管控和指导意义:

销售计划

- 销售预测——店铺预测
- 取决于去年的销售和管理预测
- 商店达到或超过销售计划

实际销售

- 以当地货币计算的实际交易货币为准
- 每日/每周/每月/季/年度
- 对比去年销售量

去年(销售)

- 对比在同一时期以当地货币计算的实际交易额
- 每日/每周/每月/季/年度
- 预测销售量×跟单员最佳预计销量+/-计划×每日/每周/每月/季/年度

库存水平

- 以当地货币估值库存为准
- 评估每天/周/季或年库存
- 亏损库存可以由内因及外因(即偷盗)或文件录入的错误造成

销售毛利(SM)

- 也简称为毛利率
- 以总价值或百分比区别买手支出和所有库存售卖
- SM =销售商品收入-成本/收益
- 比较产品类别以区分强项、弱项

商品周转率/存货周转周数(ST/WC)

前者是一个效率比。优秀的服装企业能够迅速清仓,实现高库存周转。存货周转周数是指库存会持续至售完的周数(又名销售率)。存货周转周数少=更快的商品周转率=有效率的采购

顾客平均消费/单位交易量(UPT)

在店内的每单交易后,客户的平均消费金额可通过指定的总销售额除以进行购买或花费某货币单位的顾客数量来计算。零售商也会关注单位交易量(UPT)或顾客的平均消费额,以便更好地调整未来的采购计划。

降价水平

即使是最好的服装企业也有一定的滞留产品需要降价出售。这样的产品线越少越好：这意味着买手需要看准库存量购买。虽然它看似不可行，但对于企业来说计划好每个季度的降价是很有必要的。

降价被表示为现金估值（有时为百分比），其项目的数量与所减少的项目相乘。例如，随着制造成本上升或货币汇率浮动，价格偶尔也会上升。

折后净利率（NAMAD）

这区别于毛利率，因为折扣导致了更少的净利润——有时这被称为净买入利率。这是评价一次采购是否成功即整体盈利水平的最好指标。

毛利率（GM）-利润损失（消极损失）= 折后净利率（NAMAD）。

"即使是最好的服装企业，也有一定的滞留产品需要降价出售。"

重要的绩效指标

随着电子商务以及各种商务电子渠道的出现，零售商也在寻找建立其他更多的网站。以下是电子商务特有的几个绩效指标：

- 转化率——有多少网站访问者成了购物者。
- 购物车放弃率——有多少将产品添加到购物车后又退出网站的访问者。
- 新客户与现有客户——有多少顾客是新访问者，有多少客户是已经访问过的。
- 关联产品——根据产品偏好和购买倾向对产品进行关联分类的消费者；具体哪些产品是一起购买的。
- 价格竞争——基于其他电子零售商的价格去定价，以提供竞争优势。
- 流量来源——客户找到网站的位置或方式。这是一种有机搜索，还是由营销、关键词广告等引起的搜索？
- 每次访问的页面浏览量——购物者在网站中访问的页数（主页与其他页面）。网络分析数据可以让我们看到他们访问了多长时间、他们访问过的位置以及他们离开网站的页面。
- 社交媒体跟随——零售商的社交媒体网站，即照片墙（Instagram）、脸书（Facebook）或推特（Twitter）。

产品企划过程

所有时装企业开始规划时会做出最高级的计划以便预估他们提前于季度的预售量（即参考采购量）。两个主要的贸易季秋/冬季（9月上旬~次年2月）和春/夏季（3~8月）。经过和管理层的初步商榷后，买手将收到未来一季的零售销售计划（或预算）并进行采购——通常在提前于一个季度的6个月。

跟单员在一系列的日程及计划会议中与买手紧密合作以达到整体零售销售计划。因此有必要确定其范围，以及产品线、型号和颜色有多少需要组合且关联性地提供给商铺。这个过程是复杂的，主要是根据历史销售数据，并结合买手的看法、未来的假设和趋势的信息确定。

买手们通常会对照详细的产品范围计划来采购。与供应商合作，买手会按照产品线、星期和颜色分别指定所需的数量交货。然而，一些更前卫和定向的企业做的计划较少，故意让买手有一个购买限额，即根据最新的时尚趋势或需求，在即将交货日期之前的"敞量购买"（OTB）。

在任何时尚业务中提前限定范围都是有风险的，因此需要OTB这样的灵活性操作。这种范围计划通常以电子表格式编写，这又是一个更大、更复杂的商品规划和控制系统的一部分，有助于控制、监控和管理从制造商到店铺的整个供应链。

在销售开始前15个月，买手和跟单员通常会讨论高层管理人员在初步规划期间分别向产品采购和销售团队提出和讨论的、自下而上的销售计划。在这个阶段，买手和跟单员将与管理层一起决定采购最终需要达到的销售计划的整体水平。

所有初步规划都以整体零售销售价值为基础，由买手和跟单员落实并精准地确定在这个计划中每个产品类别可以占据的百分比。然后，高级管理层随后将等待该团队对采购资金的第一次分配。

买手率先决定哪些产品类型可能成为或不在未来季度规划的趋势范围内。这是买手的直觉和跟单员历史认识和经验融合在生产购买计划中所体现的初始轮廓。在采购实际开始的6个月之内（可能在提前于该季度的12个月以前），这个基本计划将逐渐变得更加细致和完整。

产品组合计划

描述了在买手确定需要购买的每个产品分类的数量（和属性）的过程中所需要依据的一些因素：

品牌
你是买私人品牌还是国有品牌？如果两者兼具，私人与国有所占的比例是多少？你会把哪些国有品牌加入到拟定的范围？

尺寸
根据消费市场和目标客户，你会订购哪些尺寸？会在线上提供扩展尺寸吗？

颜色
消费者的颜色选择差异很大，因此保持各种经典色彩和季节趋势色彩的搭配组合是非常重要的。但是，买手需要权衡每种颜色的数量以保持库存水平一致。

纺织品
选择正确的面料是必不可少的（如第3章所述）。买手会考虑趋势和市场变化来做出这些决定。买手在制订计划的过程中应该对上一个季度的销售、未来流行趋势，尤其是消费者的需求有所了解。

图4-4 计划会议
买手和跟单员时常需要会面讨论销售计划细节，这些会议常常也有高级管理层参加以便于确保销售预测和上一季度的总结是准确的。

制订季初买货计划

初步购买计划首先落实预算如何分类。类别描述因人而异,但通常不言自明。按类别划分的初始分类百分比通常由于问题、议题、事件和经验的影响而进行小幅度修改,直到达到"购买点"为止。许多因素可以改变初始分类计划,例如不断改变的时尚、面料或服装趋势。时尚买手希望在购买时尽量保持自信;越接近季节,他们的判断就越有可能正确。

销售和库存预测

时尚买手将与零售组织的所有成员合作,收集有关上一季销售、新店铺开张、消费者偏好等方面的信息。这些信息可让他们了解下个季度的产品范围和购买情况。

虽然每个零售商都有自己内部生成的销售报告,诸多类似关于他们特定部门上一年或季度的销售信息。这可以提供细致的关于颜色或尺寸的信息,甚至是整个女装行业的总销量。

这些报告使买手能够根据高管提供的总销量预测各个部门所需要达到的销售量,与此同时他们能够为实现这些具体销售目标进行对应的购买。由于买手和跟单员负责规划季度性产品范围,这些规划建议将变得更加详细和准确,且允许所有组织成员了解预期的购买方向。

图4-5 女装规划模型

典型的春夏女装初级展示规划,从最初的规划和采购过程到季度开始时的初始规划为止。请注意,由于不同类型的时装业务涉及的产品类型和快时尚产品的水平不同导致交货期不一,右图只表示近似值。

品类	实际销售额（千美元）去年（春夏）	计划销售额（千美元）今年（春夏）	两者同比增减率	调整与发展
连衣裙	150	200	+33.3%	强劲的50年代风格复兴
上衣	100	110	+10%	正式衬衫不够"时尚"——转向休闲装
休闲上衣	200	250	+25%	休闲、舒适外观风格强烈
裤子	50	50	与去年持平	正装的裤子在秀场上表现不佳
衬衫	100	150	+50%	迷你裙卷土重来
牛仔裤	150	200	+33.3%	品牌牛仔裤和水洗物趋势
短裤	25	50	+100%	短裤的趋势极强
泳装	80	100	+25%	炎热的夏季天气预报
内衣	100	105	+5%	稳定、不变——没有新产品
针织品	40	35	-12.5%	在衰退——以深色为主导的趋势
饰品	80	100	+25%	意大利风格的手袋和太阳镜一直很受欢迎
累计	1075	1350	+25.6% *	* 女装的整体计划增长非常强劲

产品组合

在查看销售报告以帮助创造季节性购买范围之后，买手将查看商品的总体分类或商品分类，以确定公司可能需要投资的季节性特定产品需求。例如，从冬季进入春季，买手将开始大幅缩减重型外套、大衣外套等，以便为轻便的春装做好准备，以适应气候条件的变化。买手也可以被引入制造商的新款式或面料方案，此时他们将必须决定这种商品的归类（如针织物、织物、休闲装或晚装等）。有时，产品分类的确定会根据气候、位置、趋势或这些因素的组合。

挑选并将门店产品分级

购买范围和购买方式的关键因素取决于买手是购买全国性品牌还是自有品牌。购买一个全国性知名品牌通常是在接近季初的时候进行，因为产品设计和工厂谈判的过程已经由品牌方规划好；买手只需简单地从已经为他们准备好的范围中挑选便可。

相比之下，采购自有品牌要复杂得多。买货时，比全国性知名品牌的交货期也更长。然而，使用这两种方法，最终还是由买手与企划师一起商量，并在一定时间内，将产品采购范围缩小到适合给定业务的范围之内。

买家在确定他们的最终选择范围前总会有多于范围的样本，因为商店总是有面积大小限制。连锁店中的独立商店都有不同面积的商铺，从而限制了销售面积和库存空间。通常来说，企业将相似大小的商店合并为5~10个库存组。每个买手和销售团队会计划到所有商店产品线的确切数量，以及到达大商店的最大或最完整的产品线范围。

跟单员和买手花了大量时间给产品线的重要性进行分级及排序。事实上，确定小商店的产品范围是最困难的工作，因为这个小范围必须在有限的供有上满足大多数客户的需求——而这是一件很难达成的事情。

图4-6、图4-7　样本复查

买手将确保服装样品符合初始样品订单中列出的产品规格。跟单员配合买手确保分配给每个店铺的产品组合是基于客户的需要、趋势、位置等。

样品及最终产品系列的规划准备

在购买范围开发过程中，收集和归类样品、面料以及颜色样本是一个连续的过程。优秀的买手会不断收集有关面料颜色、纹理的设计灵感，然后用来拓展私人品牌的产品范围。大多数买手都会保存着他们认为有用的剪报、图片、图画和照片，这种方法和时装设计师们类似。样品会在最后一次产品范围会议上展示，并通常雇用模特来展示产品的优势。

最终环节的准备

虽然管理层在几个月前一直参与其中，在定期计划会议上检查产品线和产品线范围开发，有关最终产品范围的会议才是最重要的。正是在这里，整个采购团队不论是在设计、采购数量、颜色、大小和平衡组合方面都全力支持买手并提供产品范畴。是否购买自有品牌或从一个新的认证品牌范围选择，所有的决定最终一般由管理层在最后季前产品范围介绍会前敲定。

自有品牌产品的抽样顺序

由于独立采购办公的不同自有品牌产品的抽样过程略有不同，但一般有三个不同的阶段：

1. 拟合样本。通常不在最终织物中生产，但它有助于开发和检查初始样本。用于办公室试穿模特的衣服通常是12码或中等尺寸。任何必要的更改随后都会发送给制造商并修正——可能与供应商来回交流多次直到达到完美的契合度。

2. 最终批准试制样品。正确的颜色和面料完成的服装是配以各种尺寸的，所有这些都需要根据原先商定的样品进行检验。织物在此之前已被送去检验，以检查色牢度、水洗和干洗性能、耐光性、耐磨耐久性和其他特殊产品性能测试，例如泳衣的氯抵抗性能检测。

3. 生产样品。随着成衣制作的开始，早期生产的样品通常被空运给买手并最终检验批准样本。检验内容包括标签、吊牌和护理说明等。

"对买手来说，最终产品系列的展示会十分必要。它能让买手看到总体'买进'货品的全貌，并让上级认同这个产品系列组合是符合目标客户需求的最佳选择。"

品牌抽样方法

当从国有品牌或设计师自有产品范畴购买时，供应商的样品往往供不应求，品牌买手往往无法保留样品。在这种情况下，样品的图像将由供应商或由采购团队负责且日后续用以提醒他们产品范围。对于最后的品牌范畴介绍，服装都是借用一天后归还的。

管理样品

所有样品，无论是以设计师自有品牌或国有认证品牌为购买目的，均为贵重物品。它们的制作成本很高，且往往是独一无二的，因此至关重要，不可丢失。样品的护理、贴标签、跟踪和物流动向是采购助理的主要职责。样衣流水线和样板间需要不断整理和重新安排，以确保样品可以快速定位。

密封样品

大多采购运营部门会"密封"样品——将金属或塑料的不可拆卸密封圈连接到样品上。一旦它们被检查且被认可后，采购办公室将至少封存两个样品（有时更多），再送回制造商并为自己保留一个或多个样品。

密封样品可出现在任何有关产品、质量、尺寸、技术或其他争议后，双方参考这些商定的样品检查订单。三个密封阶段均是由较大的时装采购办事处完成，往往每个阶段标记不同的颜色密封代码以便于辨认。在大量不同样品进出时装采购办公室的情况下，有效进行样品管理的好处不言而喻。

促销样品

除了从买手到供应商的样品流程外，为应对不同的商业目的，采购团队还必须应对快速和多样化的需求。包括以下内容：

- 内外发布、时装秀和活动
- 购物目录和视觉营销目的的照片拍摄
- 为广告和公关拍摄照片
- 互联网购物页面的照片
- 独立买手及其采购团队抽样需求的水平和类型显然取决于所涉及的时尚业务类型和规模。

最终的范围展示会议对于买手来说是必要的，以获得总体"买入"数据和管理层的许可，即该产品范围代表针对目标客户的最佳产品选择。这个关键会议也可能由内部设计团队和质量保证（QA）团队参加。最后一场会议的其他与会者可能包括董事或采购以及销售负责人。通常，公司的负责人也可能在场。

产品定价

如前所述，买手的工作不仅在于挑选出每个季节令人惊叹的产品，他们的任务还包括为购买的每个产品制定价格策略。正因如此，买手必须精通数学，因为任何价格上的细微差错都可能导致公司利润的损失。请记住，定价基于很多不同的因素，如公司规模大小、采购商品的类别、预销售计划和目标利润等，但基础零售价格是相当标准化的。

设定零售价格

当考虑零售定价时，买手会设定初始毛利润，即批发价和零售价的差额，由以下公式确定：

毛利润=销售（零售）价格-商品成本

例如，假设你以100美元购买一个单位（SKU），并向消费者收取250美元，那么计算公式如下：

150美元（毛利润）=250美元（销售价格）-100美元（商品成本）

整体毛利润为150美元，然后转换成百分比，即毛利率。

要确定，必须首先确定是单件商品的利润还是累计商品的利润。前者指单独在特定项目上加价【如男装品牌李维斯（Levis）的511牛仔款式】，而后者则是相对于整个产品类别（即所有男装的牛仔款式）。累计毛利率通常将公司的销售预测情况和跟单人员的业绩表现作比较，这两个计算公式最终结果都表示为百分比。计算单件毛利润的示例如下所示：

单件毛利润：

毛利率=[（销售或零售价格-商品成本）/销售或零售价格]×100%

以下是在时装采购办公讨论商品定价时的一些重要的需要熟悉的项目：

- 净销售额——销售成本［毛利润-营业费用=税前利润（或损失）］。
- 标记——成本（批发价）与其零售价格之间的差额。
- 降价——降低原有商品的零售价。
- 销售成本——商品成本加上任何货物相关的从卖家到零售商之间的运输费用。
- 价格点——零售商为其货物价格确定的价格范围。通常受到折扣、预算、节制、暂时、改善、弥补、设计师或高级定制的影响。
- 敞量购买（OTB）——在一个季度内预留给买手用以采购的一定数量金额。

或者，和前面举的例子一样：

60%（毛利率）=250美元（销售价格）-[（100美元（商品成本）]/250美元（销售价格）×100%

这意味着零售价（250美元）的40%是批发成本，零售价的60%是毛利润（150美元）。

了解这个比例以便让零售买手跟过去类似产品的价格进行对比，并确保他们能够在线上零售和实体店的销售计划中权衡从而达到预计利润。

图4-8　产品生命周期

产品生命周期呈先上升后下降的轨迹，它基于产品在市场上所投入的时间。

（图中标注：引进期、成长期、成熟期、衰退期；纵轴：利润/收益；横轴：时间；曲线：收益、利润）

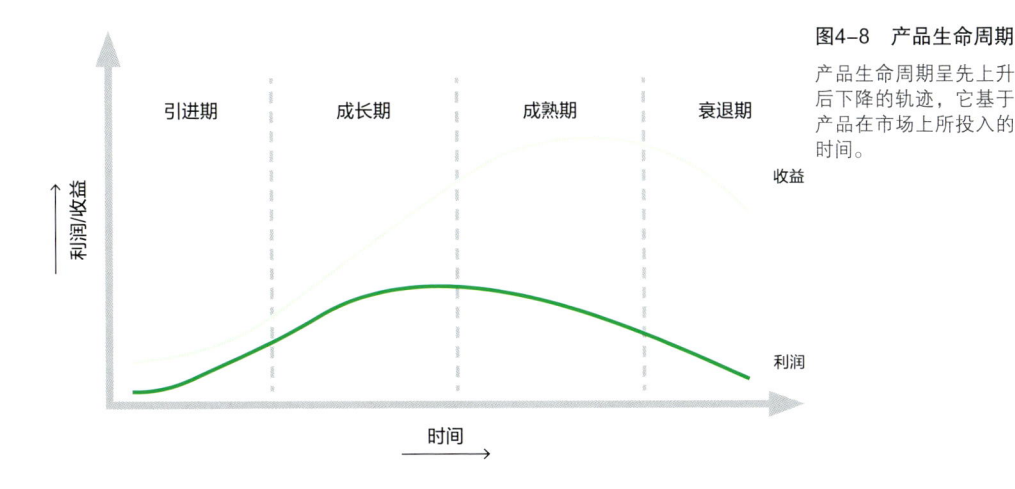

降价

如你所知，有些产品的销售缺乏公平性，通常是由于不给力的趋势、天气、质量、分类或库存过多之类的问题而导致的销售滞留造成。买手将这些变数考虑在内，并通过商品降价推动销售，以期最终实现本季度的利润。买手必须清楚产品的生命周期，并在其降价战略中做出快速（但深思熟虑的）决策。太早降价可能导致潜在利润的损失，而降价太晚会使得下个季度的采购来临时来不及清空库存。请注意，降价可能是临时或永久的定价策略。

降价通常在季度初就被划进整体零售价，作为有意向的"标记降价"。虽然许多零售商，尤其是规模较小的机构，在是否要启动降价时会犹豫，但它确是以新产品代替滞留库存的必要工具。顾客在他们最喜欢的零售商商品上是完全配合购买的，但如果零售商不经常引入新产品，就有失去顾客再度光临的风险。

零售商会为货物进行临时或永久降价。临时降价可以刺激滞留销售或通过转向一个特定的产品或品牌销售来获取利益，通常称为促销降价或销售点。另一方面，永久性的降价促销会导致产品贬值，因此年底时，可以在税收和保险方面提供财政上的宽限期。这通常是在产品生命周期的成熟到衰退阶段采取的措施。

了解零售买手如何及为什么为他们的产品加价或降价非常重要，因为这能使零售商更具有竞争力，并且能够让他们在时装采购季前以及期间保有主动权。

呈现最终产品范围

对于买手和跟单员来说，呈现最终的范围是一个非常紧张的时期，他们旨在将会议内容整合以确认其范围建议的合理性和逻辑性。这样的时机能够让买手的沟通技巧充分得到测验，所以买手和跟单员双方都需要做好准备，因为他们终于能够展现几个月以来的规划成果。

跟单员需要准备高度详细的数字计划表，清楚地显示尺寸、颜色、交货日期、商店等级和预期利润率，以及可以花费在其他产品类别上的OTB（开放购买）的百分比。

买手将各类别的尺码和拟定的增长量与上一年进行对比分析。通常，一个合适的模型将被用来展示重点服装的最大优势，而其他服装可以挂在墙上的栏杆上，或用较小的物品固定在展示板上。

优秀的采购和销售团队管理层可能只有在尾声时会提出小改动和建议。其将被记录并检查以确保后续的采购和销售团队跟进。如果一个采购团队在过去的季度里交易困难，管理层通常要花更多的时间来确保不重蹈覆辙。

时装买手和跟单员都需要对最终的展示会充满信心，以便取得成功。不确定性、缺乏信念、实地调查不充分、理论基础薄弱都会导致公司董事无法在预期产品范围内下决心签字执行。

"买手关心的是库存能多快转化为现金。"
——琳达·卡特（Linda Carter），
零售管理咨询公司的总裁兼首席顾问

图4-9　2016春夏
埃德蒙·黄（Edmund Ooi）的男装系列正在走秀，目的是展示设计师的主打产品。商品部主管与买手和企划团队也在现场评估产品的风险度和采购范围等问题。

产品定价 113

风险与产品号型问题

虽然不寻常的颜色、印染和风格可能已经被预测为本季的最新潮流，而实际上大多数时尚客户在选择时仍会十分谨慎，不会轻易选择背离其经济范围的产品。时尚买手和商家意识到他们的产品范围需要这些时尚元素，但购买极端时尚产品后，如果在季末销售滞留而需要降价以清空库存时，可能会导致整体盈利下降。

减少风险产品水平

时尚媒体和相关的营销人员喜欢以更为领先和极端的时尚风格为特色——尽管老练的买手也会更加谨慎地购买。然而，即使是最保守的时尚买手也会购买足够多风险较高的时装来确保能够给消费者的第一整体印象是吸引人的且适合的。

卖空高风险产品的想法（即故意在本季结束前就卖空）成就了良好的商业意识，虽然这有时对外行人难以解释。比起霓虹荧光色的季度潜在销售力，最好选货中能够有大量黑色保留（即一个经典的颜色，永远不会过时，并将继续销售至下一季）。

正确平衡号型

虽然有国际服装尺寸标准，即使所有的服装都标有相同的尺码，不同零售商和品牌之间的服装尺寸仍旧存在差异。

一些零售商使用一种"虚荣尺寸"，即服装上标注的尺寸比实际产品尺寸小一个号型。这是为了讨好顾客，让他们相信自己更瘦些。这是一个非常有效的做法，但大多数顾客不容易上当，还可能会产生对品牌的不信任感。

顾客最想从一个服装店买到的是适合他们的尺寸并且合身的衣服。依赖于品牌、商店或者产品一致性的顾客通常会再次光顾。大小合适及型号齐全能够吸引到强大的客户群。特别是牛仔裤、鞋、内衣以及各种成衣，合身才是必要的。好的时尚买手会花大量的时间在使服装合体上。而跟单员甚至要花更多的时间确保型号的可行性。

图4-10 判断产品深度
没有哪个时尚零售商能提供颜色和号型百分百准确的产品线——这是买手和企划人员面临的重要问题。

产品宽度和深度

不同规模和不同类型的时装零售店可以提供不同数量的产品线。明智的零售商倾向于分散它们的库存，使顾客能够更容易专注于产品质量和设计。在极昂贵和更高档的零售店，"少即是多"这句古老的格言显而易见。而在折扣商店里，正好相反，过分填充的货架往往让客户难以选择且感到困惑。

买手无休止地和企划人员以及空间设计师合作，并得到分配给每个不同大小或组合产品对应的产品线号码。大百货公司的库存中含有数以千计的单独时装产品SKV，而一个小的精品店可能只有几百个。在任何个人零售组织中，零售空间都是提供商品展示或业务宽度的主要影响因素。

另一个买手和企划人员面对的关键问题是每条单独的产品线要储备多少库存，特别是各产品的大小和颜色。能够一直存有所有大小和颜色的服装是理想状态，但这种情况几乎不存在。尺码组合的两边，即偏大、偏小尺码的产品通常都库存较少，因为数据显示对它们的需求明显低于中间段的尺码。所以一般买手只储有很少量的边缘尺码和小众颜色的服装，并对它们采用即卖出即补货的策略。

没有哪个时尚零售商能提供百分百齐全的颜色、号型——尽管作为一个关键的性能指标大多数会提供90%的可购买率。为了克服这个缺货问题，避免失去销售机会，有时候会为客户提供次日到货或商店直推的服务。这有时被称为"退而求其次"。其他的做法可能是零售商提供通过公司网页下单的形式，或者和其他位置的分店取得联系以确保产品需求得到满足。

平衡货品类别

任何买手的一项关键技能是确保当顾客走进他们的一个零售店时,这个产品立即能吸引他们,使他们想浏览、止步、试穿,并满怀希望地去购买!当我们经过商店橱窗或路过一家门店时,都会下意识地做出迅速的判断。正确地平衡产品范围是创造这种即时吸引力的秘诀;而且,这是一种在最优秀和最成功的时尚买手身上才能得到高度体现的技巧。

良好地平衡货品类别意味着要确保以下几点:

- 在确保适合目标客户的选择范围时给人以良好的总体第一印象
- 提供清晰可见、相关的且时尚的颜色、设计或风格
- 好的关联选择的品牌——对于品牌商品的零售商尤其重要
- 良好的性价比和明确的定价(不一定是最便宜的)
- 库存含有所有号型、颜色、设计和合适度的服装——通常这是最难以达成的目标

如果商品规划过程事先由买手和跟单员进行,那么普遍会有一个良好的产品类别平衡。相应的,获得正确的范围将回报以计划销售水平的实现,可能还会更多。

当今消费者已经习惯于即时的满足感,即迅速定位和购买时装产品。他们也期待无尽的选择。时尚买手和跟单员都知道如果不能立即吸引人群,并提供准确的产品型号和颜色,将很容易流失大多数客户到竞争对手那里(或试图通过互联网找到他们想要的东西)。

有些脱离售卖区的产品一直在库仓里没机会销售。为了解决这个问题,零售商正在努力开发非常快速的库存补充系统,几乎是从分配中心直接调配,代替了售完才存储的方式。

虽然没有直接参与库存补充,但买手知道这个问题,所以经常计划如果他们的第一选择不可得的话,是否有一个完美的替代品来满足客户的需求。时尚买手不知疲倦地和他们的采购员以及高级采购管理审查产品的可得性。完美是不可能的,但规划采购平衡可以很大程度帮助消费者顺利切换到一个相似的畅销产品上。

所有关于时装采购货品类别的是一个关于平衡的问题。下一章将研究采购行业如何最终能够让买手始终在零售游戏中引领先人一步的新趋势。

图4–11 2015/16秋冬
艾莉·萨博(Elie Saab)的高级时装——特色精致的晚礼服,是一个完美的平衡,能够同时吸引买手和消费者。

平衡货品类别

案例学习
格柏科技（Geber Technology）

　　大大小小的零售商，都必须要参与产品生命周期的管理过程，因为它有助于从构思到集中管理他们的产品。PLM（产品生命周期管理）不仅仅是一种用来管理产品生命周期的技术，而且是使用这种技术的所有个体的信息控制中心。从设计师到买手或跟单员到企划师，PLM软件是一种必要的资源平台，因为它将零售组织与供应链的其他成员联系起来，打造出一个为它们产品在销售层创造高效益的过程。

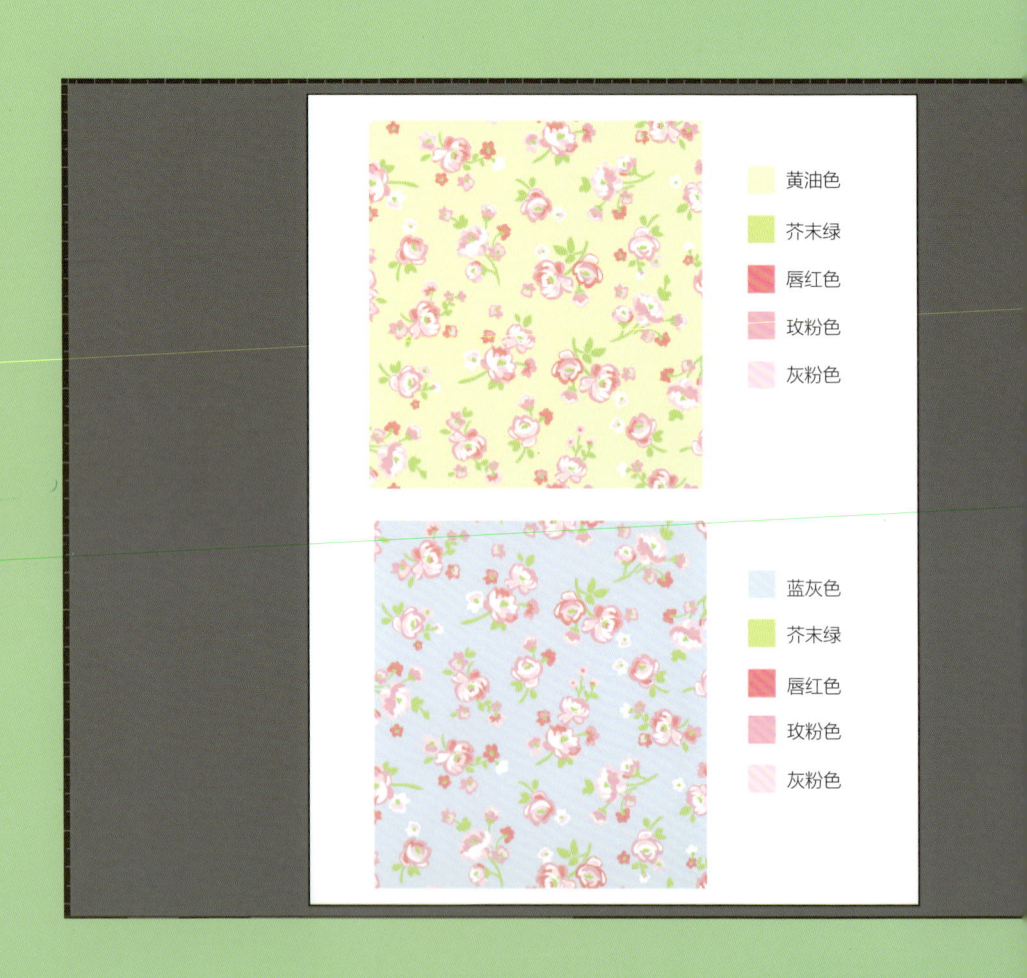

- 黄油色
- 芥末绿
- 唇红色
- 玫粉色
- 灰粉色

- 蓝灰色
- 芥末绿
- 唇红色
- 玫粉色
- 灰粉色

PLM软件行业的领导者之一就是格柏科技，它是一家专门从事技术领域的私人企业。格柏科技拥有广泛的行业组合，也迎合了一些非时尚行业，包括运输业、航空航天以及家具制造业。

然而，有着使时装行业自动化50年经验的格柏科技可以最大限度地组合客户的优势，同时帮助企业取得利润最大化。他们的数码程序产品也常在时装行业被应用，包括AccuMark 2D、3D和YuniquePLM以及物联网（IoT），且构成了无缝集成。

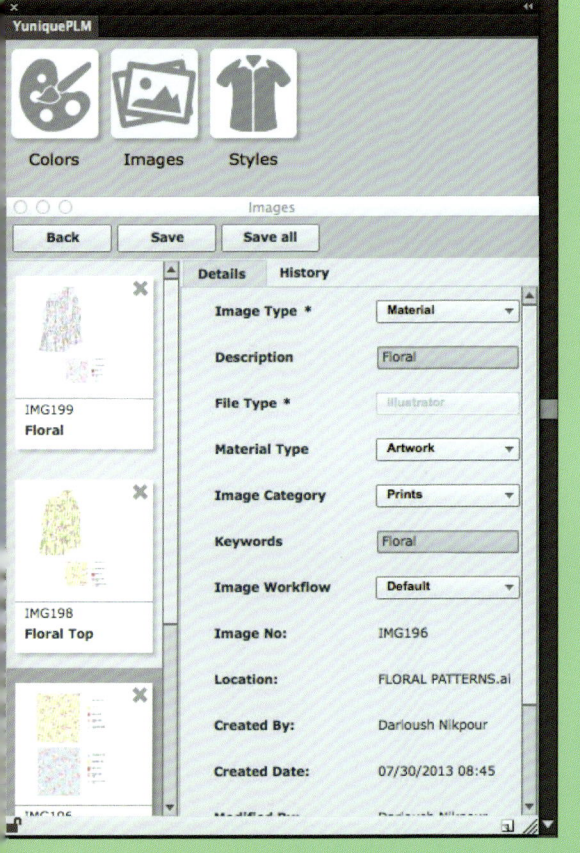

图4-12 产品生命周期管理

格柏科技提供PLM（产品生命周期管理）等多种专业的行业解决方案，且其研发的用在时装界的软件是业界领先且前沿的。

专访

奥沙瓦·平托（Oshana Pinto）

作为一名有着8年工作经验的成功的时装零售技术专家，曾就职于多品牌、多渠道的全球大型零售商。奥沙瓦·平托助力格柏科技YuniquePLM软件解决方案的未来发展。他在本科和研究生阶段都主修计算机科学，为他获得大型全球时装零售企业做实习生的机会创造了条件。那是一个大型且多样化的品牌，销售多渠道组合的产品。最终，他获得了全职职位，最初是一名应用分析师，后任业务分析师。在这段时间里，他专注于软件解决方案的设计，致力于公司品牌组合的产品开发过程。

与行业领先的专业人士接触，尝试各种软件解决方案设计，使得奥沙瓦获得了更多的经验，以及关于PLM（产品生命周期管理）、PDM（产品数据管理）和CAD（计算机辅助设计）流程解决方案的最新知识。他在评估和实施公司新的软件计划方面发挥了重要作用，他通过与这些品牌紧密合作，最终优化了业务流程。

作为一名业务分析师，奥沙瓦开始利用他在学术生涯学到的技能以及自己的业务流程知识构建自产的、适用于许多品牌的、不兼容问题解决方案的软件。这一切最终成就了他目前的职位——格柏科技YuniquePLM软件解决方案产品经理。

图4-13　管理品牌组合

在多品牌、多渠道组合的全球零售商的职业背景下，奥沙瓦有能力在未来帮助更多企业优化业务流程。

Q：作为产品经理，你如何帮助拉近格柏科技和时尚零售业之间的关系？

A：保持和来自时尚零售行业的专业人士的关系是维持PLM解决方案的持续增长和成功的关键。这种关系有助于提供关于当前产品有价值的反馈，和洞察因不断变化的业务需求，PLM所必须要给出的解决方案。作为一名产品经理，我通过多频道的交流，促进开启一个开放的关于产品线路的交流平台，并希望通过它推进行业的未来。

例如，在格柏科技的年度软件发布会（ideationTM）上，产品管理团队展示了最新的产品创新和对未来的已有和潜在顾客的企划等。这提供了一个平台，从那里我可以与这些客户进行对话，并通过交换反馈想法与其建立更紧密的合作关系。

在会议之间的几个月中，我不断向客户展示他们可能会感兴趣的新功能，揭示我们产品路线图的变化，一直与他们保持开放的沟通。我还帮助组织了一些网络研讨会，与业内其他公司和专业人士建立合作伙伴关系，提供补充格伯科技产品的产品和服务。

Q：你能解释一下什么是PLM，以及为什么它对零售生意的成功那么重要吗？
A：PLM解决方案可以描述为一个软件系统，它具有从概念到消费者的一系列功能，从而简化了产品的创建和处理。但PLM之所以对零售商的成功如此重要，并不仅仅是因为它的功能。PLM的主要好处是，它作为一种协作工具，允许来自产品开发和供应链各个领域的个人团队相互连接，以构建理想的、成本有效的产品，同时加快产品的上市速度。

随着零售商规模的扩大，新产品的创建变得越来越难以管理。产品开发团队越来越大，并被划分为不同的角色。一个季度的产品数量甚至产品种类都会增加。更高的利润率和更好的产品布局对一个品牌的持续成功至关重要。所有这些因素都可能导致错误的增加和管理噩梦。

PLM通过为产品开发提供一个集中存储库来帮助缓解这一问题，同时让利益相关者可以随时查看最新、最准确的数据。尽管规模和复杂性在增长，但这在很大程度上有助于减少错误，同时保持业务可管理性。

Q：YuniquePLM是一款专门为帮助时尚零售商进行有效的商品企划而设计的软件包。它是如何帮助使用团队尽量减少运营中的误差，同时最大化生产力的呢？
A：随着产品的开发和系统的最终确定，YuniquePLM能够为买货团队提供准确的产品线视图，这个产品线已经被采用并生产了一个季度。作为一个集成的解决方案，它甚至可以进一步强调趋势和当前的库存水平。这种可视性使买货团队能够在产品安置方面做出更好的决策。它还使买手能够更快地对趋势的变化做出反应，通过请求对产品进行更改，甚至创建新产品，来顺应当前的趋势。

此外，买手的主要目标是将产品放置于零售商店内，并尽可能以全价销售。为了实现这一目标，产品必须从一个计划开始销售的那一刻起上架，以最大限度地延长产品在降价之前的正价销售周数。YuniquePLM为用户提供了可视性产品开发流程，让用户识别任何可能导致产品生产延迟的隐患。这种可视性技术将帮助买手容易做出更明智的判断，例如为了最大限度地提高产品的盈利能力，将交付推迟到以后。

Q：YuniquePLM如何帮助执行定价策略和组合商品的SKU？
A：确定定价策略的第一步是为企业制定明确的财务目标。在YuniquePLM中，我们在规划模块中先会设定一个财务规划工具。它允许用户输入希望下一个销售季节达到的财务目标。这些目标将根据销售渠道计算业务的预期增长。然后，使用自上而下和自下而上的方法，用户可以将这些目标分布到各个品牌、部门甚至产品类别中。

随着设计师们开始概念化风格和产品线的发展，越来越多关于当季产品的信息变得可用。产品原型将成熟到可以决定是继续开发还是退出生产线的程度。在这个阶段，商家可以开始分配目标价的帮助工具，如固定价格（允许用户指定所需的价格，确定生成的利润是否值得继续开发）和固定利润（允许用户指定所需的利润，确定产品的价格）。这个系统让你进一步看到是如何应对本季度的财务目标。

当产品最终接近完全成熟时，可以使用SKU规划工具将产品进一步细分为单个SKU。YuniquePLM能够处理任何级别的产品SKU。无论是颜色还是颜色和大小或者其他组合。它甚至可以灵活地处理这些组合的混合。在SKU级别，可以为每个SKU单独管理诸如定价以及在某些销售渠道中是否提供或交付SKU等值。此外，实时变化，如单位颜色或产品的值下降，将立即改变SKU在你的系列中的可用性，同时让你继续了解你的财务目标趋势。

Q：格柏科技已经与Adobe公司合作，为两家公司的软件套件开发了柔性集成功能。现在已经集成的工具有哪些？它们如何支持PLM软件？

A：根据我们的经验，业界设计师最常用的工具是Adobe Illustrator，用于创建设计概念和画草图。我们已在格柏科技平台下，通过Yunique的设计插件将PLM平台的套件集成到Adobe Illustrator中。Yunique的设计套件支持两个系统间的无缝双向对接。设计师可以创建和共享调色板、绘制草图，并可直接将其保存到PLM版本中，甚至可以从他们的设计中创建新款式。这使得设计师能够为PLM生态系统的完善不断做出贡献，同时对工作环境更加熟悉，并满足其对工作环境的创造性需求。

Q：行业专家对帮助创建YuniquePLM的格柏科技提供了哪些反馈？你多久收集一次产品反馈以加强未来版本中的软件选项？

A：YuniquePLM成立于2001年，是为了满足时尚零售行业的需求。它是由行业资深人士构建的，结合了多年的反馈和经验，实现了软件和业务流程的完美平衡，从而产生了非常成功的PLM解决方案。从那以后，这个行业和格柏科技都在不断进步。随着使用YuniquePLM的客户的增加，对解决方案的需求也在增长。通过获得顾客反馈事件，如格柏科技的年度软件发布会（ideation TM）和客户顾问委员会（CAB）会议，我们更好地了解了行业需求，以及亟待我们填补的空白。通过与我们的用户群和功能专家密切合作，我们可以通过提供正确的功能以满足大家的需求。因此，YuniquePLM已经从一个具有强大产品规范功能的解决方案，发展为一个深入到买货、跟单日历和计划等多方面的解决方案。当然，我们还在不停地收集客户对我们产品的使用反馈。

YuniquePLM是不断发展着的，我们一直地寻找在原有功能上改进的方法。作为产品管理人员，我们不断与客户和执行团队成员进行沟通。这为我们提供了宝贵的意见，帮助我们从一个版本到另一个版本，功能不断地增强。

Q：零售商首次使用该产品时，是否遇到过什么挑战？你如何帮助他们克服这些挑战、克服学习曲线？

A：零售商采用新的PLM解决方案所面临的最大挑战可能是变革管理。即使新的解决方案或流程明显优于其前身，惯性或阻力变化在受变更影响的人群中也很常见。这是因为我们是天生的习惯动物，我们感到舒适，甚至依赖熟悉的工具或做事方式。实施诸如新PLM解决方案之类的重大变革，会破坏这一既定程序。这就带来了一些问题，例如解决方案能力的不确定性，感觉缺乏控制，甚至担心使用新解决方案时没有用处。

我们通过使用不同方法的组合，以减轻变化带来的挑战，帮助用户适应YuniquePLM。在实施过程中，我们的顾问与用户密切合作，了解他们的需求并制定满足这些要求的解决方案。在流程的早期阶段进行这样的参与有助于减轻用户的一些顾虑并获得用户的支持，因为他们正在积极地为最终解决方案做出贡献，而不是让他们抛出一个解决方案。主要利益相关方的赞助也是这一过程的重要组成部分，因为它们有助于推动业务部门参与此类对话并管理预期。

我们还建议，在实现PLM解决方案时，最好采用分阶段实施的方式。不建议从第一天开始就使用完整的"端到端"的解决方案，我们将其简化为更小的可阶段性管理的任务，让用户们慢慢地适应它。此外，我们还为用户提供各种培训、资讯支持。从产品的角度来看，我们还将我们的解决方案设计得非常直观和人性化，使用户能轻松掌握工具及其功能。

Q：你认为产品生命周期管理的未来在哪里？我们可以期待格柏科技进一步简化PLM流程吗？

A：随着网络和移动技术的进步，移动设备日益普及，人们在日常生活中使用的基于网络的软件应用程序的数量大大增加。人们越来越习惯使用简单易用、同时功能强大的软件，让他们与周围的世界保持不断的联系。这种趋势使人们在生活的各个方面都对软件产生期待，PLM也不例外。

PLM供应商已经开始大踏步地将他们的解决方案转移到云端，优化了用户体验。但这仅仅是个开始。在未来，我预计PLM将成为一个更大的连接解决方案生态系统的组成部分。随着物联网（IoT）在其他行业的广泛应用，它也将进入PLM领域。软件将能够与世界上任何地方的硬件通信，且毫不费力；而硬件与软件之间的通信将减少它对人类交互的需求。这将有助于开发更智能的软件。这类软件将更积极主动，且智能地解决问题和提高效率。

未来几年，格柏科技将在塑造PLM的未来方面发挥重要作用。随着未来竞争的继续，我们与竞争对手相比有关键优势。与大多数PLM供应商不同，格柏科技提供的产品和解决方案并不局限于PLM。我们提供硬件和软件解决方案，以满足时尚行业的CAD、产品开发和制造领域的需求。由于我们拥有整个产品生命周期中使用的硬件和软件，构建"端到端"的连接解决方案生态系统则变得更加现实而非幻想。

总结

本章概述了产品规划的原因、方式和方案，涉及创建范围的过程，特别是那些与自主品牌购买有关的范围。选择合适的系列和范围以适应不同大小的商店一直是个问题，买方和跟单员的关系在这个问题上得到了解释。自始至终的范围，包括出国购买和抽样过程已被列入文本。本章还探究了买手与其他内部职能部门和外部当事人的关系，特别是与公共关系及时尚媒体；并研究了在现代购买和销售实践中使用的详细的数值规划、分析和控制方法。

最后，本章解释了对实现关键购买指标和最终商业计划的盈利能力的强烈关注。记住：尽管做了计划，买手的眼光和时尚本能在其成功中依然具有主要作用！

问题与讨论点

既然我们已经看到了计划在时装购买中的重要性，那么假设你是买家，请思考以下问题。

1. 如果你在本季购买牛仔裤系列，你必须在当地的分店储存一些必要的款式，以便提供一个可行的选择范围。需要多少种样式？制定一个列表。

2. 一旦你回答了这个问题，根据你建议的款式数量，计算出需要多少种不同的尺寸、颜色和织物选择。

3. 对你自己的衣柜进行一次审核，列出你拥有的所有不同的衣服。完成了这一步后，根据每个类别的服装数量，分析这个列表，包括不同织物以及不同颜色的数量。你会对你的总列表感到惊讶！

4. 拜访当地的牛仔裤零售商，列出他们所持有的款式数量，你认为你的产品范围比他们的更好还是更糟？

5. 你的理想牛仔裤的零售价格是多少？根据对比，制定出一套切合实际的价格。

注：可随意使用替代其他服装品类替代牛仔裤。

练习

在规划过程中，买手和跟单员参与了无数次会议后被期望成为良好的交流者。他们还必须善于注重回忆细节。你可以尝试一下这类练习，看看究竟有多难。

1. 选择你喜欢的服装或时尚配饰，然后快速地描述这件衣服的细节就像你在电话里与一个看不见的制造商进行描述的那样。试着在两分钟内做这件事。

2. 选择你最喜欢的时装零售商，用3分钟时间解释为什么你这么喜欢他们。试着说出你的具体观点。

3. 拜访你最欣赏的时装店和两个主要竞争对手。列出你最喜欢的零售商中当前产品范围内的薄弱环节或缺失方面。

4. 拜访任意一个时装店，挑一件衣服并仔细看看。然后离开商店，在纸上尽可能地回忆并记录你所看到的内容。最后再次回到商店里检查你回忆的准确程度。

5. 任选一个线上时装零售商，并分析有多少种不同的服装风格、色彩以及尺寸是他们在网上进行销售的。

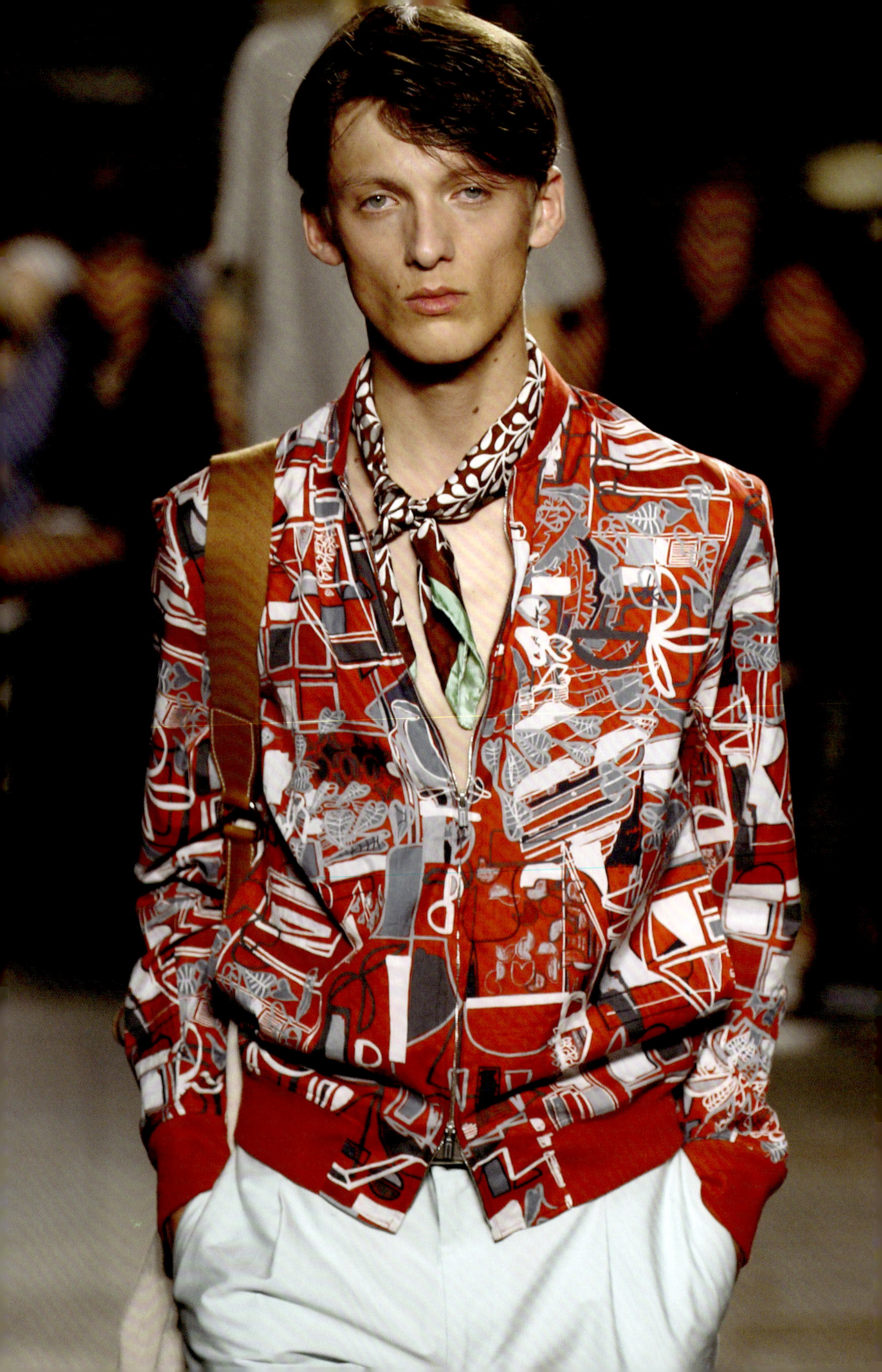

5 时尚买货趋势

在前几章中，我们已经讲述了时尚买手这一角色在零售企业中的作用以及与其他部门的关系，初步并简要地概述了买手是如何在零售企业内工作的。我们也介绍了相关的调研方法，以及流行趋势预测手段，认识到作为一名时尚买手了解目标消费者的人群特征是多么的重要。

在有关于供应商沟通和商品企划的研究中，我们了解了买手寻求与品牌商、制造商以及企划师共同配置产品的过程，从而有效确保最终到达店铺的产品都是适合销售的。在最后一章中，我们将研究零售行业的新趋势，同时也将了解如何利用这些新趋势成为一名优秀的时尚买手。这类趋势主要包含促销活动、科学技术与社会责任。

图5-1 2016春夏
爱马仕（Hermes）连续在巴黎男装时装周期间举办了成衣收藏秀，旨在扩大其目标及潜在受众。

促销活动

买手会协助组织一系列零售促销活动，目的是在每个季实现更高的毛利率，同时以更快的速度换新。这些促销通常表现为一定程度的价格折扣，但也有其他的一些促销活动是在不改变营销团队的原定价的情况下完成销量提升的。

品牌推广、广告和市场营销

通常，买手将与高级管理人员和营销团队合作确认品牌宣传线，或是价格更适中的自有品牌产品线。零售商尝试做这件事很多年了（如盖璞旗下的Old Navy），现在许多设计师也开始进入这个趋势。如山本耀司（Yohji Yamamoto）和普拉达（Prada）等时装设计师提出了宣传线（并以Y-3和Marc by Marc Jacobs这两个品牌为代表），使得买手能够为低价市场采购国有本土品牌，最终能够进一步扩大其零售商店的产品范围。

许多快时尚零售商现在正在推出品牌联名合作，这也是高端设计师品牌提供给其低端潜在消费者的一种价廉物美的渠道。这些联名合作早先十分受大型零售商和百货公司的欢迎，但在当下，这种合作形式也对快时尚专卖店具有很大的吸引力。例如，H&M就同卡尔·拉格斐（Karl Lagerfeld）、罗伯特·卡沃利（Roberto Cavalli）、玛尼（Marni）以及近年来的巴尔曼等许多时尚界大腕进行过合作，联名合作的商品通常限量销售，一件产品一旦卖空就不再补货了。

然而一些抨击者认为类似的合作可能会拉低了高端设计师的形象，同时还有很多人认为这是一个给予低端消费者购买原本他们所负担不起的高端设计师作品的机会。它是以一种不同的方式，即通过此番合作，让大众品牌或濒临死亡的品牌引入一个新的目标消费人群，最终让双方实现双赢。

> "名人有一个内置的网络，可以很快地获得消息以及提高品牌合作的知名度，但是长期性是品牌合作真正需要做到的——你应该考虑如何做到可持续的成功，而不是仅仅出名15分钟。"
> ——玛丽·艾伦·穆克曼（Mary Ellen Muckerman）
> 国际战略咨询公司Wolff Olins的主管

图5-2　零售商之间的合作

老牌零售商塔吉特已与专卖店和精品店实施了一个长期的合作计划。计划在塔吉特店内售卖它们共同合作开发的限量产品，这些产品往往都不贵。这种类型的合作焕发了小型零售商的活力：将更多更频繁地将时尚新兴的当代品牌产品搬到它们的柜台上。

图5-3　行业引领者的品牌合作线

伦敦NEWGEN设计师展演活动中的天才设计师艾什莉·威廉姆斯（Ashley Wiliams）和英国街头风格品牌红色与死亡（RED OR DEAD）合作发布了鞋子系列。

当谈到广告和市场营销时,零售商将支付巨额资金让广告出现在广告牌、杂志、电视或网络媒体上。这是一个很好的给品牌增加曝光率的方式,然而对于肩负重任的买手来讲,他需要随时了解品牌(当下和未来)的推广运营情况,因为这些都可能引起产品消费需求趋势的变化。

比如,如果前期的广告和市场营销方案有效,就会引起客群对产品的需求。但如果买手没有提前规划足够多的备货,就无法满足消费者的需求,那么他们就会去别处购买,甚至到你的竞争零售店里去购买。

同时广告和营销活动往往会对当季新产品进行推广。作为最火爆的营销活动之一的是当零售店铺准备进入降价模式时,通常会添加一些清晰标示的红色招牌,招牌上的价格却是接近出厂价99%的价格点。

虽然每个零售商对待销售促销的方式不同,但最终的目标是快速地清空库存,为新产品的到来腾出空间。买手和跟单员合作制定销售和促销策略,随后与营销团队确立合适的价格标牌。

图5-4 最受欢迎的零售促销
许多消费者对自己喜欢的零售店铺发起的各种营销活动很是钟爱(或将会爱上),这是种"营销"理念,促使消费者为了买到理想中的便宜货不断地光顾店铺。

营销和广告规划

零售商使用媒体等各种方式向消费者传递信息。了解了消费者的购买行为（在第2章讨论过），买手需要同市场营销或广告策划团队合作来：

- 增加商店客流量
- 增加单位交易（UPT），或单个消费者单次交易的产品数量
- 推出新品牌倡议活动
- 吸引新客户
- 在旺季或滞留时期，协助线上、线下店铺加量

图5-5　全球营销的影响

一场为意大利零售商贝纳通（Benetton）打响的广告战役。通过它的营销不仅展示了新季度的产品，同时也作为一个论坛以提高青年对失业率上升的意识。像这样的企业社会责任倡议将在本章后面讨论。

视觉营销

在第4章,我们讨论了跟单员不同于视觉陈列师的各个方面。然而,有一点很重要且需要意识到的是,视觉营销团队仍然要与采购团队以及销售团队密切合作,以创造美观的令人感到愉悦的视觉陈列品牌,进而提升品牌形象,触发消费者的购买欲,最终自然可以推动完成销售。

通常,无论是在企业级还是在商店级,买手与视觉营销团队的合作,都是将重点放在他们大量购买的某些产品上。时刻保持交流沟通能让视觉营销团队了解在采购中季度性的投资量的多少,并以此获得最大的利润空间,不过也可能是买手想要测试新的合体度、颜色、面料等。总之,与视觉营销团队的良好沟通将让买手得到对该类产品更快的反馈。

"买手们需要打开与视觉营销团队的交流线,以便让他们全面认知专卖产品范围的重要性,从而进一步帮助推动更大的销售量。"

图5-6 通过视觉陈列推动销售

虽然买手没有直接对零售商的商品陈列进行视觉艺术指导,但他们会和视觉团队讨论产品在特定商店区域的位置摆放,希望引发季节性的深度购买从而成为全体商店货品中的焦点。另外,店铺的视觉陈列团队为了传达各种季节性的风格、颜色、面料等,会把特定的产品放置在焦点区的人台上或橱窗里。

　　买手,以及高级跟单员,都要依靠视觉营销团队帮助他们驱动产品的销售。如果没有强大的、积极的、连贯的视觉营销关系,买手就可能会发现一个问题——视觉营销人员关注的是产品系列的其他属性,而不是对产品进行明显标记和包装,这将会放慢整个团队组织的利润产出。当买手引导视觉陈列团队进入一种新产品或现有产品种类变化时,视觉营销团队则会协助该产品在商店层面进行更有黏着力的推广。

　　如今,视觉陈列师和买手在商店里已形成了一种强有力的关系。这种关系对于买手来说,在产品补货或之后的各种产品采购上都是一种高效体验。而店铺里的视觉陈列师通过与买手的各种接触学习,也往往会从店铺陈列师上升到大型商店买手助理一职。

快闪店

营销一个新品牌,需要营造一个能够让消费者看到、感受到季节性商品、却没有机会购买该商品的空间。快闪店的空间很小且通常只能运送单件产品。顾客可以进入该空间看一看并感受一下商品,同时也还可以进行试穿,如果有了不错的体验随后便可在线上订购,货品将直接运送给客户或快闪店的空间里(在稍后的时间里接单)。这样可以使成本开销降至最低,并便于商店与顾客进行更深入的售后互动。虽然流程被精简化了,但有像Bonobos这样的零售企业就运用这种商业模式获得了一定的成功,他们认为与实体店存相比减少了一些不必要的开支,这一做法可以将更多的资金投资到产品中。

另一方面快闪店是弹出式商店。它们通常在临时场所举行,时长为一个周末到3个月不等(或更长)。虽然许多老牌品牌在过去使用过这种方法是为了摆脱库存积压或上个季度的滞留产品,但这一方法已被越来越多的设计师关注。弹出式商店的形式是一个很好的短期解决方案,但缺点也显而易见,它会令品牌商花费了更多的租借费、装修费,且又持续性地在与租借零售店铺做斗争。

图5-7 名人宣传

开业典礼可能会是一个有利可图的投资,它可以让大家聚焦到该零售品牌和新的商店位置。大型零售商通常会为旗舰店精心策划开业活动,比如洛杉矶的Topshop和Topman,会有许多名人出席,包括女演员凯特·伯斯沃茨(Kate Bosworth),这些人前往都是为了得到第一手的新产品信息。

和时尚媒体合作

时装界每一季度都要保证自己能向相关新闻平台或媒体展示产品。在竞争激烈的时装界，每个品牌都渴望得到尽可能多的宣传。部分时装企业自己负责公关和营销，也有部分时装企业选择外包服务。

经过协商后，时尚买手会参与产品推广，并提供用于新闻节目以及每个季度的公众包装的样品。来自各界媒体的时尚记者从未停止为时尚专栏、杂志和增刊搜寻下一个令人兴奋的产品和故事。

加强买手的公关管理和媒体之间的紧密关系，然后伴随着新季度竞争力强大的新品的问世，就意味着买手的产品很大概率会被时尚媒体大书特书，由此让消费者产生一定的潜在兴趣。

媒体样品包通常会给出关于商店交货日期和地点等关键信息，以及关于大小、构成、颜色和定价的信息。许多时装公司会租用著名场所来发布开放日活动以展示新的产品，同时邀请时尚媒体参加。时尚企业提供媒体样品包（打印照片、产品实况、相关细节的文件夹）和礼品袋（经常提供产品样本），鼓励媒体参加。

大多数时装公司会利用各种网上公关服务机构，同时可以得到大范围的相关公关服务，如网上新闻稿、照片、档案等。这意味着忙碌的记者们虽然无法出席某个新闻发布会，但他们可以迅速且方便地在网上了解时尚产品。很多有影响力的时尚博主都时刻关注着时尚博客圈，强大的在线公关是现在时尚营销传播的重要元素。

买手和买手助理经常出席新闻发布会，并与重要的时尚媒体接触，拓展自己对高度定制化产品的了解。当下有非常多的时尚公关活动，想要参加小型发布会或新闻发布会往往面临着更大的竞争。买手们总是有着新的和令人兴奋的产品、品牌或灵感，因而往往能吸引更有地位的时尚媒体。

为新闻界提供样品

时尚媒体需要提前得知新季度样品以便更好地打造时下有价值的焦点。高效控制提供给新闻界的样品非常重要，因为许多样品在被送去外景拍摄时会遭消耗损坏，通常会被穿破且磨损。

良好的摄影宣传是成功时尚企业的生命力——如果有团队采购能力强，且能够快速、高效地满足时装杂志永不满足和偶尔不合理的需求，他们往往能占到最大的版面。保持公司内部、外部的媒体和营销人员的良好关系需要花费大量的公关费用。

市场和视觉陈列部门还要提前计划陈列橱窗和店内产品的展示及促销。随后用他们来建立橱窗展示，并且把视觉展示的需求和指令发送给当地的视觉营销团队。

与所有外部和内部宣传部门建立良好关系是至关重要的。使新季度的样品随时可得，是采购团队在支持市场活动的任何方面能给予的最大的帮助。

关于科技手段

随着科技与时代的进步,越来越多的消费者通过设备[PDA(个人数字助理)、智能手机、笔记本电脑等]完成个人以及商业活动,交易变得更快速、更精简且最终更加高效。买手正在利用这种技术来克服沟通障碍和漫长的交货期,以追求更短的补货周转期和对消费者需求更好的理解。当然,他们也因此能更轻松地打理自己的工作。

现今,技术以多种形式出现,零售商必须迅速适应不断变化的市场趋势,特别是了解消费者如何通过实体店和电子商务网站参与到交易中。由于数字化市场的迅速发展,买手正在利用这一技术手段对零售网点做出更迅速的反应。

"新的信息技术手段的运用——因特网和电子邮件——实际上已经极大降低了通信成本。"
——彼得·德鲁克(Peter Drucker,教育家和管理咨询师)

互联网如何帮助买手

曾经所有的业务都是使用固定电话系统、传真机和国家邮政服务完成。随着时代的革命，这些系统现在已经不适应时代发展，且被互联网络取代——各方之间的通信将消耗最少的精力和费用。

通过采用允许语音通信和多媒体功能的各种通信设备，买手可以得到能够指导他们业务需求的实时信息。因特网电话（语音、传真或短消息服务）是几乎所有零售企业首选的通信方式。

在任何既定的时间，买手都可以使用这些系统进行各种活动，并收集重要数据：

- 与国际制造商以及供应商更有效地通过社交媒体网站浏览、订货以及沟通；
- 通过趋势预测机构或在线期刊研究趋势；
- 通过连接采购办公室和商店的系统获得实时的产品销售情况，使他们能够迅速订购产品；
- 捕捉消费者的信息以用在未来季度的产品采购（如号型、颜色和款式）；
- 给店铺团队提供必要的信息，这些信息可能会积极或消极地影响特定产品的销售。

图5-8 数字化商业

买手现在可以随时解决生产或设计问题。买手、设计师和商人现在在时装行业开展业务的速度也产生了革命性的改变，并使得本行业成了一个更小、更具竞争力的地方。

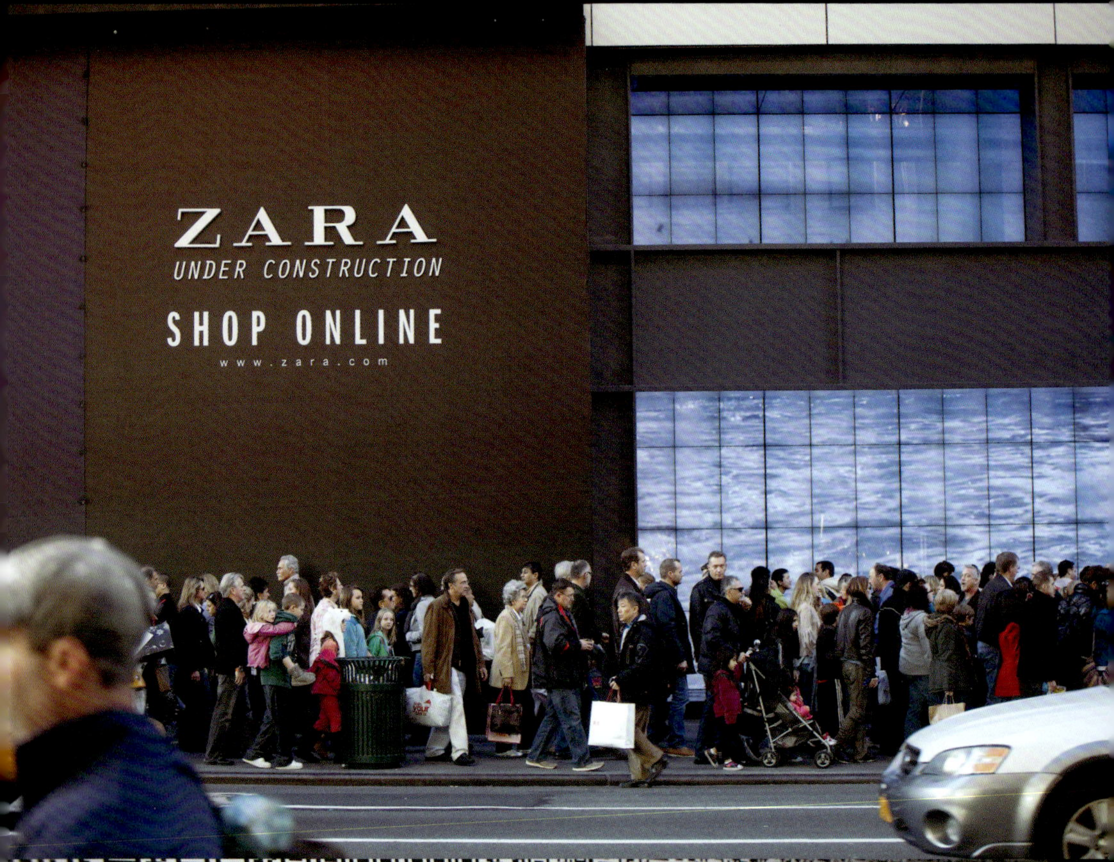
ZARA
UNDER CONSTRUCTION
SHOP ONLINE
www.zara.com

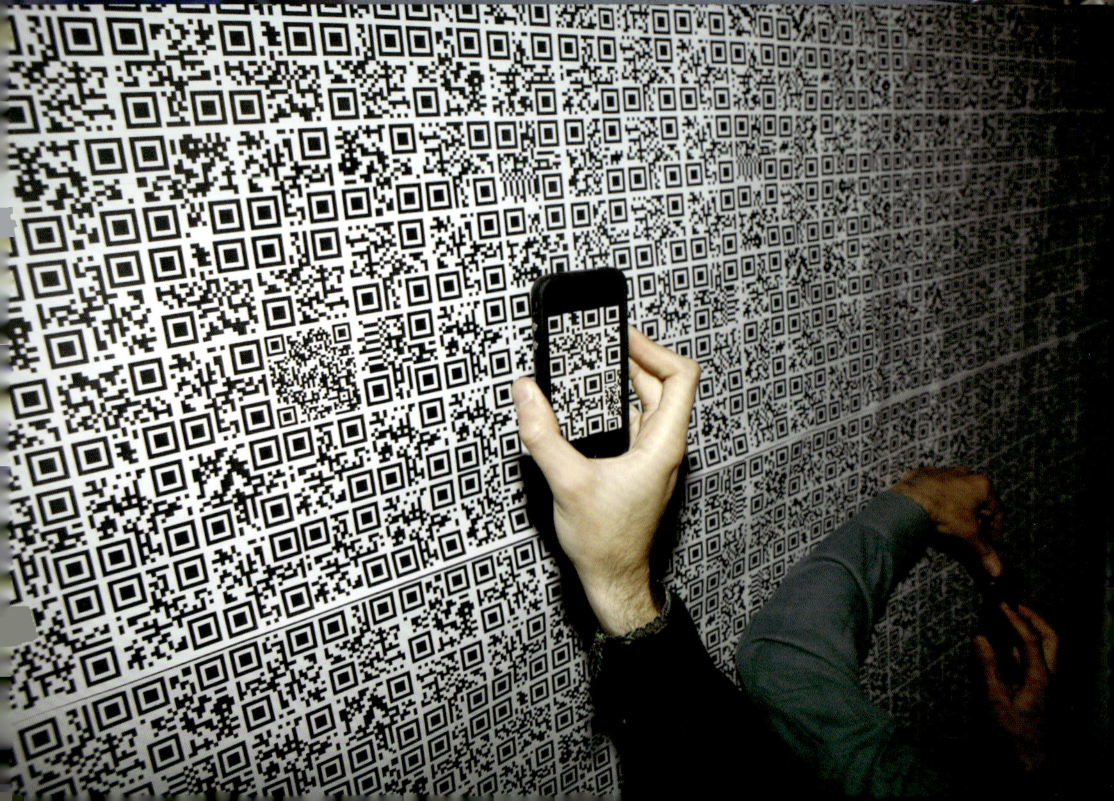

智能手机和二维码

随着智能手机的推出，消费者可以方便地通过应用程序访问他们喜欢的零售商，并直面那些似乎无穷无尽的网上商品。就像买手和跟单员负责确保正确的产品在正确的时间到店，他们也必须跟进电子商务（电子零售）的需求。

因为电子零售市场和智能手机的使用率巨幅增长，买手可以与营销团队打造促销活动，且随时都能直接跟消费者沟通。因此智能手机就像通票，为消费者提供折扣、奖励、促销等。

智能手机的许多应用程序都具有读取所谓的快速识别码或二维码功能。这个代码，其工作方式类似于一个UPC码（产品编号），即一个矩阵条码，可以转换为URL（资源定位器）、优惠券、营销广告、社交媒体以及很多其他方式。实际上作为折扣模式或一个进入零售商网站的地址，二维码越来越受欢迎。由此买手也能与营销团队合作促进将季度产品推送给更大范围的受众。

随着智能手机和二维码使用的普及，零售商们也在实体店寻求出路，并通过使用手机里的POS（收银）功能使消费者快速买单，不再需要排队。

一旦消费者购买或退货，买手就可以立即收到有关售出或退货商品的数字信息，使得下单和产品售卖的方式更加精简。在传统的收银方式下，买手将不得不等待每周的销售报表；而现在，他们可以更快地进入补货周期，因为信息汇总足够迅速。

图5-9、图5-10　科技驱动销售

零售商利用互联网、智能手机和二维码来促销、宣传和销售他们的品牌和商品。采购团队用这些手段跟踪店内的销售情况，以便更快地补货，同时也能从季度性购买的商品内判断哪些最赚钱、哪些是最棘手的。技术也是采购和营销团队进一步了解他们消费者的方式。

企业社会责任

购买团队要对自身负责，对自身所服务的公司负责，以及最重要的是，对在零售商店购买商品的消费者负责。这种责任通常称为企业社会责任，简称CRS。社会责任是零售商在其经营计划和公司使命中建立的自我约束的监管制度。其目标是将人、自然和利润紧密结合为一体，然后打造可以让这三个元素可持续发展的体系。

虽然起源于20世纪后期的"企业社会责任"这个概念还不成熟，但他们希望借此保护利益相关者。长期以来，许多小企业主和非营利组织都实行了道德决策，以实现更大的利益。

在零售业，道德决策有多种形式，从遵守国际贸易法到向全体员工支付公平、同等的工资。当一个零售商决定带着社会责任主动拓展业务，通常会制定长期发展的总体规划，然后从不会大幅减少收入的目标开始，只为保公司往一个积极的方向发展。

每个员工都了解公司已经敲定的具体计划，然后就需要努力实现这些短期或长期的目标。

企业社会责任的利益相关方

许多个体、公司和团体都是企业社会责任这一含义延伸后可以触及的一部分：

- 员工——那些在实体店、工厂等领域以及公司办公室工作的人，上至高层管理下至维修工人
- 顾客——过去、现在和未来的所有可能给公司品牌带来利益的消费者
- 社区——组成商店或家庭办公场景的地区或个人
- 供应商——国内和国际的，包括那些供应商的员工
- 投资者——那些想要看着公司成长但仅仅只是提供金钱或咨询建议的人

"消费者还没有充分了解他们所拥有巨大的权力，包括道德选择的采购方面。"
——安妮塔·罗迪克（Anita Roddick），美体小铺（The Body Shop）创始人

工作地点

人 + 环境 + 利润 =

企业社会责任

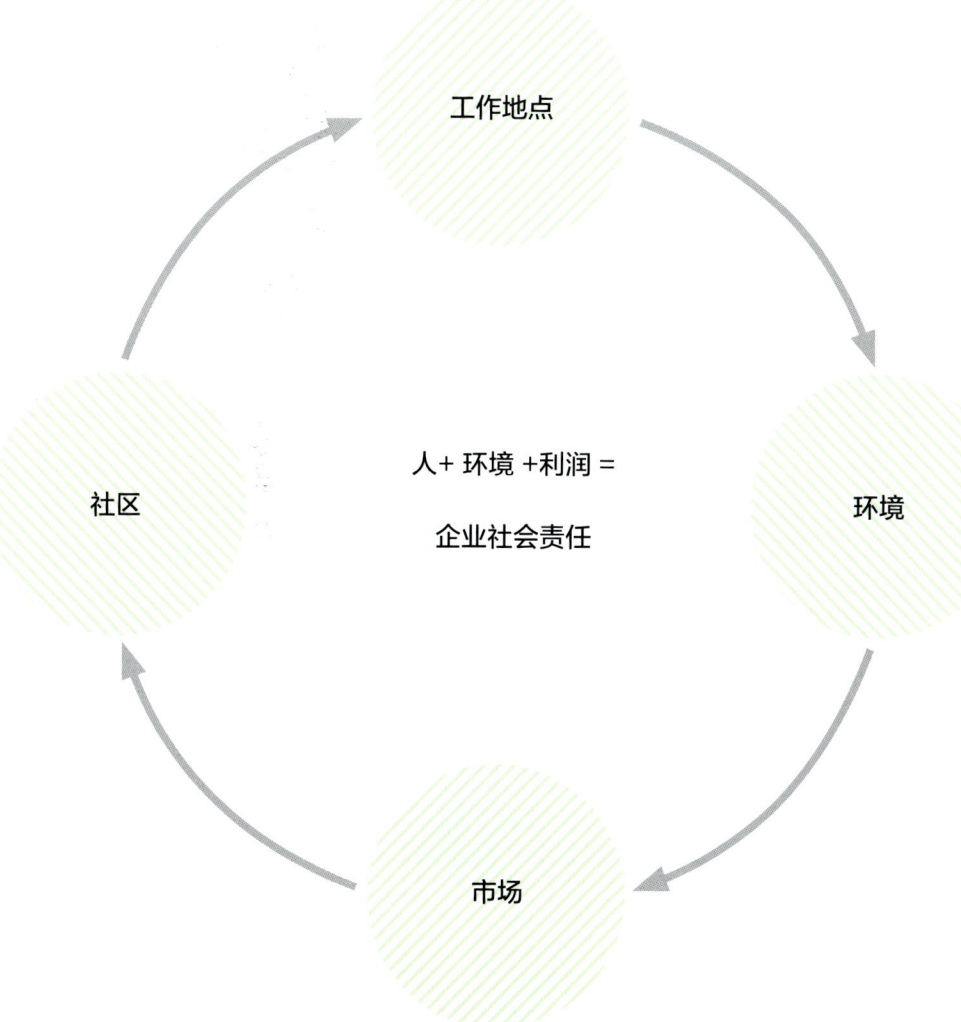

环境

市场

社区

图5-11　企业社会责任周期

企业社会责任倡导涉及多个实体，包括社会的、环境的以及经济的价值观。无论是积极的或是消极的，了解每个个体依赖于另一个个体的程度以及缺少了某个个体对于其他方面的影响程度是十分重要的。

零售组织内的每个利益相关者都有责任维护公司所有者、经营者或高级管理人员提出的企业社会责任倡议。机构里的每一个雇员也应该有自己所坚持的个人价值观和判断力，这些价值观有时可能侵犯公司的利益，无论以好的还是坏的方式。

买手每天都与许多供应商打交道，他们应该意识到自己的企业社会责任举措，就像他们有自己的原则一样。当买手与新供应商合作时，他们应该探讨新的关系如何支持公司经营业务，以及如何对待双方的员工和环境等问题。

许多海外供应商不公平地支付工资，也不为员工提供适当的设施或休息时间。即使买手没有立即认识到这种情况，这也不意味着他们应该忽视可能导致利益相关者和公司之间的紧张局势。在新关系开始时，询问公司并不断跟进这些调查，以确保情况没有改变——这才能够确保买手的工作是维持了对他们公司的企业社会责任的倡议，或者至少保持了良好的道德判断。

买手要学会应对这种情况，那就是最好在向高级管理人员报告之前，先报告或记录这一情况。很多时候如果公司足够大，且供应商面临着失去宝贵商机（落得名声不佳）的威胁，则它可以选择投资于企业社会责任这个渠道，从而达到双赢。

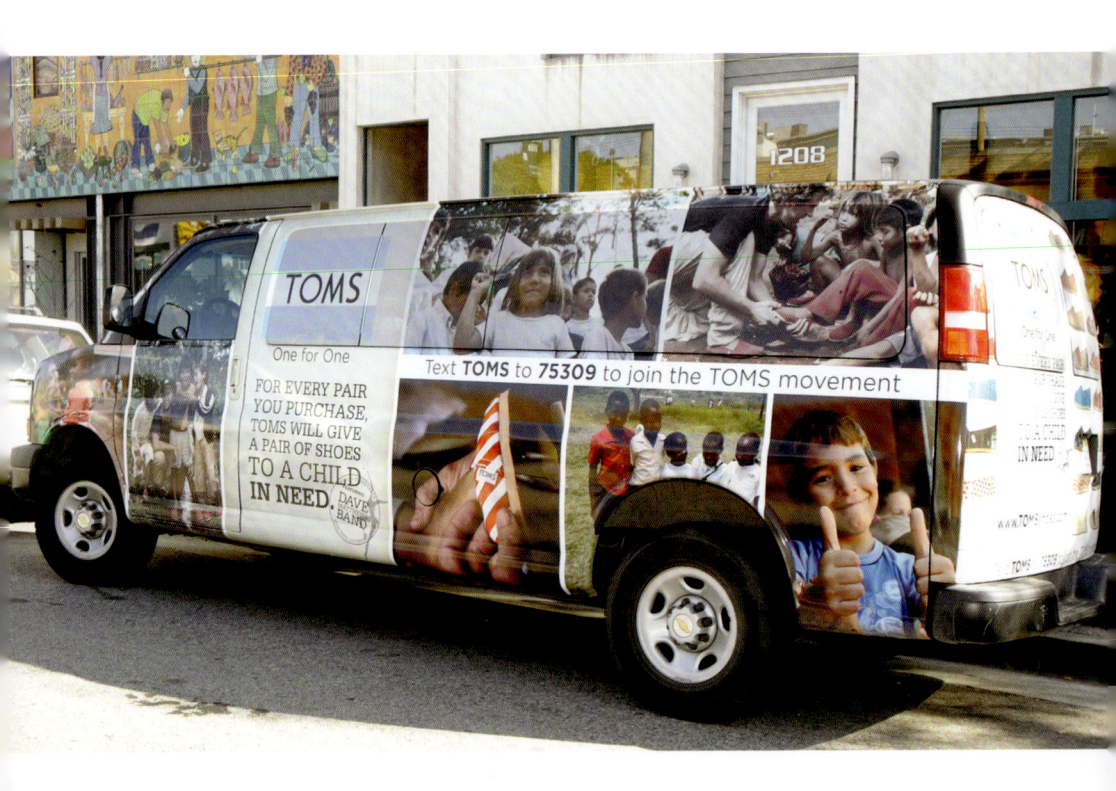

企业社会责任　143

图5-12、图5-13　一对一

一个名为汤姆布鞋（TOMS）的运动鞋零售商在企业社会责任的风潮中迅速崛起并引领潮流。该零售商创始人布雷克·科考斯（Blake Kycoskie），将他的目标定位为每双他售卖的鞋子都是一双某个孩子需要的鞋子。这个企业社会责任倡议是非常成功的，因此汤姆布鞋最近也开始了一个关于太阳镜的CSR倡议：每出售一副眼镜，汤姆布鞋捐赠一对指定的镜片。

另一种经常发生在买手办公室的情况是对供应商的礼物馈赠，有时是出于礼貌，但经常更是作为一种手段，以维持未来的业务。正如第3章所述，买手和供应商之间的关系在任何时候都应保持高度专业化。接受礼物、旅行邀请或个人折扣通常对于大多数公司来说是不利的，因为这将导致买手与供应商形成非工作性质的关系。

无论是在生产前或是生产后，买手也应购买更环保的产品。纺织工业是世界上最大的污染者之一，所以采购部门回收染料水或使用再生纤维是满足快速增长的可持续消费群的一个简单的方法。请注意，外国供应商可能会回避讨论可持续的做法，特别是如果他们不涉及到任何活动的时候。

如果一个买手坚持对他们的供应商询问关于这些话题的问题，可以帮助对方改变以前不道德或没有经过深思熟虑的商业做法。消费者对于零售商的做法更加敏感，如果他们在零售商店里的购买行为对社区或地区产生负面影响，他们会很乐意地选择另一家。买手自己的判断可能会使某些做法无意中出错，因此一个好的买手应该承担所在公司的企业社会责任。

知识产权（IPR）

大多数买手关心设计创意和他们购买的产品线的原创真实性。设计师和制造商常常提出这样一个问题："这种设计真的是原创的吗？"时尚是一个雷区，因为它生来瞬息万变，许多设计师和品牌经常被其他个人或组织复制。他们希望借助受欢迎的设计师的设计趋势来开发和生产产品。

关于复制品，无论谁占有了原创的知识产权（IPR），实际上都是在窃取其他组织或个人的利益。在许多文化中，抄袭并不被视为犯罪，尽管越来越多的个人和组织正在制定技术、法律和制度来保护他们不受无道德原则的人的伤害。反复制设计机构（Anti Copying in Design, ACID），一个有效的具有良好的咨询资源的组织（www.acid.UK.com），成立于1996年，现在帮助时尚企业和设计公司避免知识产权问题。

独特的时装和纺织品表面设计可以在英国、欧洲其他国家以及许多其他非欧盟国家注册。然而，注册过程和费用差别很大，对于许多较小的公司和设计师来说这样做仅在财务方面就不可行。

设计注册是一个非常复杂的过程，但时尚买手和读者可以找到许多在线咨询资源。关于英国和欧洲知识产权咨询的最好资源可以在位于伦敦的时尚企业中心（www.fashion-enterprise.com）找到。在更国际化的基础上，总部设在日内瓦的世界知识产权组织（www.wipo.int）也是国际上有关时尚知识产权咨询的一个很好的资源。

当时尚买手增加官方的商业契约时，这些契约通常包括对供应商在产品和设计中真实性和独特性需求的附加警告。这有助于专业人士保护买手和他们的企业不受任何未来的法律挑战的威胁。事实上，所有时尚服装和产品都可能从对方身上得到灵感。毕竟，并没有什么东西是完全独特的。

买手需要时常留意这些情况的发生，力求让市场远离窃用的设计和不真实的产品。虽然这可能是公司整体社会责任体系的一部分，但是买手通常会遵循这方面的本能，知道为公司作做不道德的行为决定所带来的不利影响；更重要的是，为了让自己问心无愧。

图5-14 坚尼街（Canal Street）的商店
在纽约，游客们蜂拥到位于曼哈顿下城区的坚尼街，寻找便宜的名牌商品，这些商品在大型零售商店中不太可能买到。在这里，店主通常有着"沉默的推销员"的称号，他们会邀请在街上游走的顾客到后面的房间，而在那里，假冒的设计师产品和盗用创意的产品将以很低的价格出售。

做符合道德的决定

许多快时尚零售商会很快生产出与奢侈品和独立设计师作品类似的时装。这为消费者带来了关乎道德的问题，因为他们可以观察到他们喜欢的廉价零售商不断在法庭上与据称被抄袭了作品的设计师们做斗争。2011年，快时尚零售商Forever 21和女装品牌弗尔拉·洽尔德（见第3章采访）之间展开了高度公开的诉讼。诉讼围绕被用于Forever 21生产的一系列服装的纺织品图案，而这些被弗尔拉·恰尔德的设计师声称是她原来就已设计发表过的。

这是一个高度公开的案件，并有很多消费者关注快时尚零售商的社会责任。由于对Forever 21运营的设计流程知之甚少，所以那些想要支持强有力的企业社会责任活动的零售商也难以与该公司合作。

其他零售商也针对Forever 21类似的侵犯自主设计权的问题提出了上诉，所有案件均已交由法院处理。

案例学习

克里斯汀·卢西奥（Kristen Lucio），时尚企业家

克里斯汀·卢西奥，时装设计师出身的企业家，拥有并经营线上零售精品店，并通过网络购物平台Etsy经营American Drifter这个微博网站。American Drifter重点关注复古服装和配件，面向喜欢独特衣服和时尚风格的年轻人，当然也会补充一小部分品牌商品来完善这个古老而有品味的网站。

作为一个造型设计师，她曾经是迈阿密当地杂志的时尚编辑，有一些编辑过的照片发表在各种刊物，并给名人和设计师们当过私人造型设计师，这使她得以周游世界。

克里斯汀经营她的网店，副业博客网站，以及她在美国德克萨斯州圣安东尼奥市的摄影工作室。克里斯汀作为一家大型零售连锁店的视觉陈列师开始了她的时装生涯，这为她提供了负责公司艺术指导、平衡预算、分析业务和预测潮流趋势的机会。而作为一个视觉陈列师，克里斯汀一直在建造新的陈列方式、设计季节性变化的店面和静态着衣模特。后来她被一个时装造型设计师相中，并在当地的模特公司以助手的身份工作。不久之后，她开始协助荷兰顶级造型师的工作，这个造型师参与各类走秀、出现在重要名单和出版物中，包括意大利版*Vogue*。在短短几年里，克里斯汀作为一个迈阿密的服装商人和设计师开始为各大电视和电影工作。在那里，她作为私人造型设计师、红地毯服装搭配师和时尚摄影师，为各种名人客户提供服务，这让她有机会拥有通过展厅和设计师申请的特定衣物，从而满足了她工作的置装需求。

在决定试图开始自己的零售事业后，克里斯汀搬到了纽约，开了自己的网店，迅速学习各种推广方式、广告宣传模式，并基于迅速发展的网络购物社区出售自己的产品。后来，她把她的工作室搬到了德克萨斯，在那里她可以更集中地连接整个美国市场。

图5-15~图5-19 时尚的流浪者

在旅途中,克里斯汀收获了网店策划销售独特产品的灵感。每次采购都是独特的,但她的整体审美是一致的且具有凝聚力,以确保她的产品可以满足各种客户的需要。

图5-20、图5-21

克里斯汀曾在时装界工作过15年，并利用自己的经验成功地开始了网上零售工作。

"这可能是我职业生涯中最艰难的一次决定，开一家店（尤其是网上商店）。虽然它看起来更容易，比实体店成本更低，但其实这可能是更难的。创建公司初期，我是买手、现场跟单员、社会媒体总监、客户服务以及出货经理、摄影师、造型师和艺术总监。如果你对自己选择的职业不感兴趣，我建议你改变它，因为这是使你的事业更上一层楼并推动其成功的主要因素。"

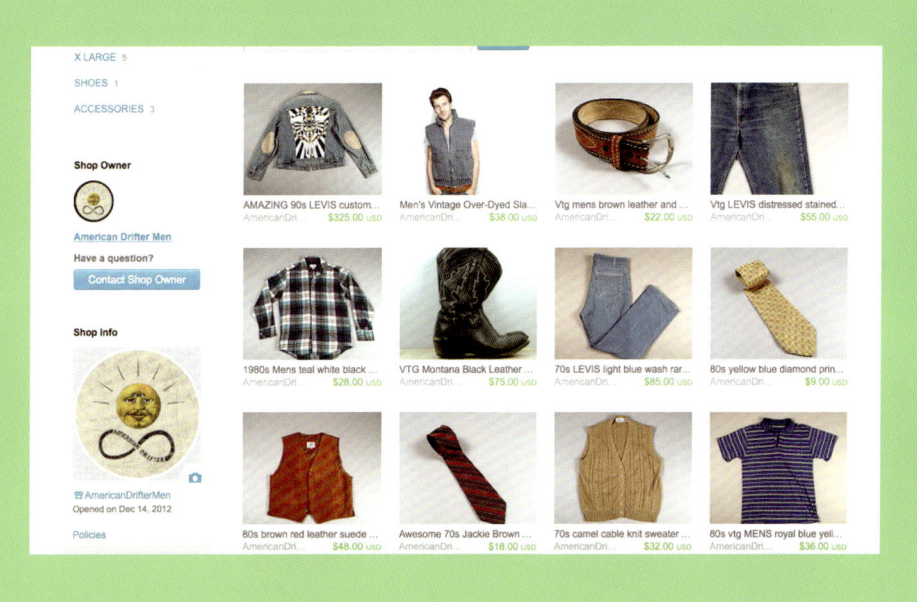

专访

克里斯汀·卢西奥

Q：你怎么决定你的采购范围？
A：我的存货清单最初是从我的个人衣柜和我作为造型设计师的衣物储备中提取出来的，这是一个收集各种时髦物品的过程。最近，我踏上了覆盖全国的采购行程，并组织了一个对自己商铺的巡查。采购建议是，不要过度采购，找出你的客户是谁且什么价位上的产品最好销售，然后再开始在美观、顾客喜好和销售方面保持一致性。

Q：你认为在未来季度中决定采购趋势的方法是什么？
A：几年前，我会依赖时尚杂志和时装网站近期的秀场流行趋势，但现在的社会媒体和博客让趋势变得更容易被了解，有时甚至是铺天盖地的，到处都能看见正在世界各地流行的时尚趋势。

Q：电子商务是否影响了客户对你产品的需求？
A：我会说这让一切最好的商品被推向网上购物的最前沿。虽然竞争很强烈，但以前你只能依靠实体店客流量才能进行销售，因为你的产品都是独一无二的，但广告并不是展示或推销产品的真正选择。

Q：你如何给服装定价？
A：我没有特定的规则给服装以适当的定价。我通常会研究其他具有声誉的零售商在类似项目上的定价，再提供具有竞争性的价格。很重要的是要确保你有足够的利润，去支出如"劳动力"以及洗烫、拍摄等项目的费用。

Q：通常来说什么样的产品会推动销售或进行促销？
A：我看到有些人跟随季节更替做促销，但我不按照这个趋势，因为在互联网上，每件产品都有它应季的所在之处！我只会通过做促销活动，让我有更多的订户或追随者，然后再回馈客户，如"成为我们官方推特或脸书的粉丝可获得15%的折扣"。社会媒体也对这样的广告方式非常认可。

Q：从事过视觉营销后，你现在觉得买手和商店的视觉团队是否应该有直接的关系？
A：从事视觉营销工作的时候，当我感到需要时，我一定会向买手寻求帮助。我非常认同买手都是接受过关于采购和推动商店业务发展的训练的说法的，并且他们也能成功地做到这一点。产品需要被展示或被包装，并最大限度地销售给特定商店的客户。所以，视觉团队有时需要脱离公司的视觉"模型"并做出能对公司带来最大利益的事情。

Q：你通常在设计师品牌或制造商品牌中寻找什么样的产品以确保购买的范围能与以往的产品共存？
A：很多人说你应该"爱你所做的"，我非常同意这个观点。但是，如果你想成功策划一个风格或一个商店的话，你应该爱你所买的东西。当我为我的顾客采购商品时，我自然会爱上它们，因为我是在为自己买。总是跟随当下的潮流趋势并不总是好的。保持一致性是关键。

Q：社交媒体在你的店铺成功中起着不可或缺的作用吗？它如何影响你每一季的购买？

A：社交媒体可能是我们现今最重要的营销工具。它不仅免费，而且还为我们提供了让其他人为我们做广告的机会。和运营你的实体店或网店类似，你必须对你放置到社交媒体上的内容有数。你需要策划整体，通过图片、视频和散列的标签讲述故事。而且，你所讲述的事情要一致。如果你的粉丝看见了你用于个人的照片和用于商业的照片并不一致而产生困惑时，你就可能会失去这些粉丝。如果需要，建议分别创建一个个人的处理私事的社交媒体账户以及一个用于策划商店、设计或博客页面的商业账户。

Q：你现在在消费者购物习惯中看到了什么趋势行为吗？

A：从统计上看，越来越多的消费者通过手机应用程序，甚至通过社交媒体在线购买产品。我个人已经通过在照片墙（Instagram）上传图片出售一些商品。虽然大多数我们这样的企业在创建初期是没有应用程序的，但有许多平台出售短期的月使用服务。在选择使用哪一个平台时，一定要做研究并选择一个当下最符合你的产品需求的，然后从那里建立起系统。

"就像你的实体店与网店一样，你必须清楚你在社交网站上发布的内容。你正在试图营造一个形象，正在试图通过照片、视频和各类标签讲述一段故事。"

总结

在这一章节，我们探讨了时尚采购的趋势，并展示了以客户为中心的采购才是所有时尚买手成功的关键因素。对由于快时尚地位快速和显著的提升而导致的消费者时尚选择的快速变化也进行了讨论，这一概念现在是大多数年轻时尚买手业务的核心。

我们研究了买手的作用，从打折促销活动、定价策略（结合卖场）、扩展产品线的创作以及品牌合作方面，并探讨了买手如何使得低收入消费者购买高档名牌商品——一个关于销售的核心驱动力。成功的广告和营销活动依赖于对消费者购买行为的深刻理解，这就需要他们与视觉营销人员进行有力的沟通，且与新闻、媒体界建立有效的关系。

跟上最新的技术进步，如二维码的使用，使买手保持领先于他们竞争对手的地位。同样，买手需要跟上行业和消费者趋势，如可持续发展，从而保持他们的巅峰位置。

在下面的练习中，我们将探讨时尚焦点小组在采购过程中的重要性。

问题与讨论点

以5~7人为团队一起合作，想象一下你将在自己的小镇推出一个年轻的、创新的时尚鞋履零售连锁店，目标是年龄在15~24岁的消费者。一个人扮演协助推进小组进程的角色，完成参与计划和进行焦点小组的练习。

买手可能不清楚采购利益重点领域的一些问题，但希望在制定开发和采购范围之前弄清这些问题。焦点小组的作用是通过下面的问题作为起点来帮助他们理解该做什么，这将耗费最多30~40分钟。

1. 在商店里，休闲鞋和正装鞋应该如何平衡？
2. 焦点小组对"正式"和"非正式"这两个术语的理解是什么？
3. 是否有任何"必备"品牌的鞋应该包括在最初的范围内？
4. 在所在地区、城镇的商店里，哪些牌子的鞋不容易买到？
5. 焦点小组是否感到或认为买手应该了解与可能发展的产品范围有关的其他问题？

练习

1. 安排座次，让小组人员可以坐下来讨论这个练习中涉及的问题。
2. 指定一个人做笔记，并通过手机完整记录谈话内容，以便以后进行分析和解释。
3. 焦点小组主持人应该使用问题列表来让每个人都说出自己的观点。这样可以快速且清晰地看到有些人可能有极端的、不切实际的或无关的观点——但你要倾听每个人的声音。
4. 主持人必须控制并引导每个人专注于目标讨论话题。人们在谈话的时候往往容易偏离话题，所以当这种情况发生的时候，将其带回到讨论中是很重要的。
5. 在讨论结束时，每个人都应该检查已经做过的笔记，并统一写一篇简短的、有针对性的说明，告知买手小组的主要发现。尽管很多观点会是不相干或无关紧要的。但很神奇的是你可以通过与一群目标客户交流发现更多不同观点！

结论

时尚买手被定位为行业中涉猎最广,且在不断超越自我的角色。每个零售商都试图雇用、培训、引导或发展独立团队中的这个角色,希望借此获得消费者对于其产品线的认可——不仅是时尚前卫的,同时也是生活必需的。这样才能给企业带来经济利益。

买手这个角色,正如整本书所谈论的那样,是谨慎而缜密的。他通常被各种大型展会、长途旅行和紧张的交货期缠身,为此买手需要保持一定的灵活性。由于买手需要在同一时间完成多种工作,所以时间管理成为重中之重。同时,在各个组织中和合作伙伴建立的坚实关系能够帮助减少许多来自工作中的压力。

买手最有力的伙伴是企划师,后者可以协助买手促成从下单到交货的商品企划流程。这两个人共同制定采购计划与配货策略,使他们的店铺通过快速销售与重新补货来实现利润的最大化。但更重要的是,他们还要实施零售商品牌的差异化竞争。

当买手和现有或新的供应商与制造商沟通时,会不断培养并巩固与他们之间的关系。由于通信和物流方面的各种技术进步,买手有能力直接与全球采购代理商沟通,能够防止在开发前发生的产品线风险和意外问题。只要在行业里工作,买手就需要保持专业的关系,一个能够使雇主获得最大利益的稳固关系,这也能使买手获得尊重(并获得工作)。

本书的后半部分探讨了零售行业的新趋势,及其对买手的积极与消极影响。这些趋势最终可能成为行业规范,是买手进一步了解消费者市场的途径,同时为希望获得成功的零售商赢得新客户。了解零售组织的各种利益相关者以及他们可能影响公司、消费者和供应商的方面,甚至有时比他们自己作为买手做出决定时考虑得更加周全。

随着全球经济扩张,企业社会责任的概念迅速变得重要起来。了解企业的主动性以及其利益相关者的主动性,将使时尚买手在努力实现其利润目标时不断受到启发,并成功地将趋势预测中的元素转化为成熟的商业产品。

希望您喜欢阅读这本书,也希望可以帮助您在时尚买手职业生涯中取得成功!

词汇表

很少有买手完全了解这里所提到的法律和法规方面的问题，但所有人都应该掌握多方面的知识，以便在需要的时候找到专业的法律咨询。总的来说，抄袭和侵权已经成为时尚的热门话题。在大众眼中，品牌和设计师的地位越来越高了。买手必须尽其所能来确认他们所选择的设计不是直接的或间接的复制——有时也被称为"山寨"。

品牌名（Brand Name） 注册名称、术语、设计、符号或其他可轻松识别某个卖家的产品或服务的功能。

实体场所（Brick-and-mortar Location） 零售商或批发商向消费者出售商品或服务的实体店。

消费者人口统计学（Consumer Demographics） 用来定义组织客户概况，通常包括种族、收入、年龄和教育等因素。消费者人口统计数据是通常用于营销目的的可量化数据。

企业社会责任（Corporate Social Responsibility） 个人公司在与所有利益相关者打交道时所制定的有关公司道德和环境立场的自愿性守则。

仿冒（Counterfeiting） 故意仿制名牌商品以冒充正品。

设计（Design） 通过一定方法来营造独特外观，将美学元素或自然美景应用于服装或配饰，从而与其他产品区分开来。

电子商务（E-commerce） 指通过电子交付方式（如互联网或其他各种线上渠道）销售商品或服务的行业。

电子零售（E-tailing） 用于表示通过电子方式（特别是互联网）销售商品或服务的零售商。然而，这个词被用来泛指任何非实体销售方式。

关键绩效指标（Key Performance Indicators，KPIs） 企业提出的不同标准，作为衡量绩效的手段。KPI可以基于销售数据、消费者市场信息等来设定标准水平的绩效实践。

许可（Licensing） 另一方生产或交易时尚品牌、商标、设计或专利的合法协议，不用担心法律诉讼。

产品线明细表（Line Sheet） 由设计师、批发商、制造商创建的视觉指南，展示了当季销售的可用样式，通常包括服装的时尚单位、款式编号、尺寸范围、纺织品选项和交货日期。

品册（Lookbook） 由设计师、批发商或零售商创建的视觉指南，展示品牌当季的主要造型，通常由引言和目录式摄影图片组成。

市场（Market） 一个术语，用来描述设计师、制造商、批发商为每个季度向零售市场展示商品的聚会。

商品销售规划（Merchandising） 指零售商销售商品的促销方案，以及基于消费者需求或时尚趋势等各种指标将商品分配给零售商的商品企划。为零售商提供这些服务的人被称为商品跟单员。

国家和国际产品标准（National and International Product Standards） 某些服装和配件，特别是与儿童有关的，必须符合严格的国家或国际安全标准，如儿童睡衣的易燃性。

全国性品牌（National Brands）由制造商生产并分配给各零售商的商品，零售商批发购买，再分配给消费者。全国性品牌可以在国内和国际市场上销售。

专利（Patents）在一个或多个司法管辖区内拥有知识产权保护的合法注册的设计新颖的或非显而易见的产品、生产加工过程或工艺处理手法等。

自有品牌（Private Label）由制造商通过自己的零售店生产和分销的品牌。这些品牌通常不为其他零售商供货。

定性研究（Qualitative Research）通过观察人类行为和感官反馈的研究，通常以参与者观察、非参与者观察、案例研究和图表概括的实践来收集。

定量研究（Quantitative Research）通过各种数学模型研究和统计数据分析，以确定一个假说或理论。

零售业关系（Relationship Retailing）零售商采用不同的零售策略与顾客建立牢固的关系，如加强客户服务、用户黏性以及提供奖励计划等。

货品返回（Return to Vendor，RTV）一个用于采购部门的术语，指由于质量低劣、销售缓慢或其他产品服务问题而选择将货物退还给供应商的行为。

利益相关者（Stakeholders）那些直接受公司行为影响，或者能够以正面或负面的方式直接影响公司或组织的人。

库存单位（Stock-keeping Unit，SKU）用于表示零售商为其商品和服务提供库存管理的方法。每个待售商品都配备有一个独特的SKU，可为零售商提供诸如分类、类别、产地、季节、价格、属性、尺寸、颜色等信息以进行跟踪管理。

供应链（Supply Chain）围绕核心企业，进行生产、分销商品和服务的整体功能网链结构，包括制造商、供应商、批发商、零售商和消费者。

商业机密（Trade Secrets）任何不被公开或无法查看的具有竞争性的敏感信息或独特的经营方式。

商标（Trademarks）一种独有的且通常是合法的注册标志，帮助消费者了解时尚产品或服务的出处。

虚荣尺寸（Vanity Sizing）这一术语用于描述那些对标准市场规模不太重视的零售商，他们常常营造一种错觉——顾客穿的衣服要比其他零售商穿的要小。

视觉营销（Visual Merchandising）指零售商通过展示技术来促销商品，包括通过视觉设计、艺术和工艺等实现的产品陈列展示与空间环境设计。提供这些服务的人被称为视觉营销人员。

行业资源

和我们所有人一样,时尚买手倾向于将他们喜爱的时尚网站作为休闲活动来搜罗。 但在商业环境中,他们倾向于使用商业信息服务。更好的服务是基于阅读积累的,尽管也有许多以消费者为中心的时尚和造型网站。无论是以业务为中心还是以消费者为中心,各个公司都有不同的关注点和信息来源——通常很难对它们进行分类。

市场展会

每年全球都会有各种各样的市场展会,下面列出的这些以为不同类别的消费者提供创新和时尚的前沿产品而闻名。

胶囊秀(Capsule Show)

一个以纽约为基地的市场展会,主要产品是男士和女士的成衣及配饰。
Capsuleshow.com

ENK国际

总部位于美国的贸易展览机构,提供了各种符合买方需求的展会,包括Accessorie Circuit配饰展、Children's Club童装展、Courterie展和Intermezzo Connection展。
Enkshows.com

哈罗盖特婚庆秀(Harrogate Bridal Show)

英国最大的婚庆展会,为新娘、新郎提供婚礼派对和所有相关事宜。
http://www.theharrogatebridalshow.co.uk/.

M + A ExpoDataBase

一个用于查找当前和未来全球各地发生的市场展示和曝光的数据库。
Expodatabase.com

趋势预测机构

时尚买手非常依赖他们的设计师和趋势预测服务,以帮助他们了解海量的数据、信息和事实。在时尚史上,人们从未面对过如此多的信息,这一趋势似乎将持续下去。

当格纳集团(Doneger Group)

纽约的趋势预测机构。
doneger.com

爱德科技公司(Edelkoort,Inc.)

荷兰趋势预测机构,提供趋势书籍、咨询服务、讲习班和研讨会等。
edelkoortinc.com

潘通(Pantone)

国际颜色权威机构,提供从设计到制造的标准颜色语言,还为大多数行业提供季度性的色彩预测。
pantone.com

Promostyl公司

这家总部位于法国的机构推出了一系列趋势书,旨在预测当前的设计、时尚和市场营销趋势,以使他们的客户在市场上具有战略优势。他们还为品牌、收藏和产品设计的各阶段提供咨询服务。
promostyl.com

Trendland时尚潮流趋势杂志

一个包含令人兴奋的时尚和设计信息的网站。

trendland.com

WGSN

英国在线时尚预测和潮流趋势分析服务提供商。

wgsn.com

公共和订阅服务

网上也有很多免费的时尚博客和信息网站。以下是一些值得关注的网站。

Apparel Search

关于趋势预测服务的美国网站。

apparelsearch.com/index.htm

Awwwards

互联网时尚设计创意。

awwwards.com/50-fashion-websites.html

Drapers

英国以贸易为中心的网络时尚杂志。

info.drapersonline.com

Fashionista

在线时尚新闻博客。

fashionista.com

FJobs

一个国际性的网站,在全球范围内提供大量的时尚工作机会,同时也提供行业突发新闻和信息。

fashionjobs.com

Style Careers

国际上最受尊敬的发布全球时尚类工作的网站之一。

stylecareers.com

Talisman Fashion

专注于时尚行业的国际招聘机构。

talismanfashion.com

uk.fashionmag.com

聚焦于英国时尚的新闻网站。

uk.fashionmag.com/news/list/Retail,15.html

视觉营销/店铺设计（VMSD）

一个面向店面设计和视觉营销的网站,提供行业讯息、新技术介绍和各种营销策略。

vmsd.com

《女装日报》杂志官网（WWD）

以全球服装贸易为重点的《女装日报》时尚杂志的网站。

wwd.com

致谢与图片出处

特别感谢

非常感谢我的朋友及家人,他们在我求职与写作过程中一直支持着我,而我在这段时间里却总是忽视他们。感谢大卫·肖恩和Bloomsbury Publishing PLc.出版集团邀我参与这个项目。我还要感谢科莱特·米切(Colette Meacher),在我们一起工作的日子里,我越来越喜欢她了。我简直无法想象没有你,我怎么能完成这件事,感激你不断的支持和鼓励,以及处理我个人情绪的、不可思议的能力。

——迪米特里·科比

首先感谢下面所列的这些朋友在本书写作过程中给予的帮助:西蒙·a.科拉克(Simon a Clark);露西·海丽（Lucy Hailey）；朱迪·海德(Judy Head); 斯蒂芬·亨利(Stephen Henley); 珍妮·霍布鲁克（Janet Holbrook）; 马修·杰艾特（Matthew Jeatt）; 还有利亚姆·奥法雷尔（Liam O'arrell）。此外,感谢还要献给都柏林理工学院、伦敦时装学院和伦敦都市大学的服装专业师生及其朋友们。我还要感谢本书的编辑科莱特·米切尔,作为Bloomsbury Publishing PLc.团队的一员,感谢她对我的鼓励与帮助,她给予了本书极大的奉献和支持。最后还要感谢奈杰尔（Nigel）和迪米特里（Dimitri）对本再版项目的参与和贡献。

——大卫·肖恩

图片致谢

0.1 Martin Leissl/Bloomberg via Getty Images

0.2 Kristy Sparow/Getty Images

1.1 Kristy Sparow/Getty Images

1.2 Reza Estakhrian/Getty Images

1.3 Thomas Barwick/Getty Images

1.7 Matthew Sperzel/Getty Images

1.8 Matthew Sperzel/Getty Images

1.9 Matthew Sperzel/Getty Images

1.10 Matthew Sperzel/Getty Images

1.11 Matthew Sperzel/Getty Images

1.13 Tim P. Whitby/Getty Images

1.14 Frazer Harrison/Getty Images

1.15 Frazer Harrison/Getty Images

1.16 Stuart C. Wilson/Getty Images

1.17 Fabrice LEROUGE/Getty Images

1.18 YOSHIKAZU TSUNO/Getty Images

1.19 VisitBritain/Martin Brent/Getty Images

1.20 Neil Setchfield/Getty Images

1.22 Jin Lee/Bloomberg via Getty Images

1.23 David Paul Morris/Bloomberg via Getty Images

1.24 Matt Cardy/Getty Images

1.25 View Pictures/UIG via Getty Images

1.26 Brent Lewin/Bloomberg via Getty Images

1.27 Victor VIRGILE/Gamma-Rapho via Getty Images

1.28 Tristan Fewings/Getty Images

1.29 Pascal Le Segretain/Getty Images

2.1 Neilson Barnard/Getty Images

2.2 VALERY HACHE/AFP/Getty Images

2.3 Peter Macdiarmid/Getty Images

2.4 Vittorio Zunino Celotto/Getty Images

2.7 Betsie Van der Meer/Getty Images

2.9 Gavin Roberts/Computer Arts Magazine via Getty Images

2.10 Jeremy Sutton-Hibbert/Getty Images

2.12 Thomas Lohnes/Getty Images for Greenshowroom

2.13 Carsten Koall/Getty Images

2.14 Fatih Erel/Anadolu Agency/Getty Images

2.15 MinJoon Kim: MJ.Archive

2.16 MinJoon Kim: MJ.Archive

2.17 MinJoon Kim: MJ.Archive

2.18 Panoramic Images/Getty Images

2.19 Glowimages/Getty Images

2.20 Don Arnold/WireImage/Getty Images

2.22 Dimitri Koumbis

2.23 Dimitri Koumbis

2.24 Dimitri Koumbis

2.25 Dimitri Koumbis

2.26 Will Foster, BPMW Agency

3.1 Victor VIRGILE/Gamma-Rapho via Getty Images

3.2 ONOKY - Eric Audras/Getty Images

3.3 Blend Images - Hill Street Studios/Getty Images

3.4 Richard Drury/Getty Images

3.5 MinJoon Kim: MJ.Archive

3.6 Monty Rakusen/Getty Images

3.7 danishkhan/Getty Images [left] Ed Pritchard/Getty Images [middle] Fabrice LEROUGE/Getty Images [right]

3.8 YOSHIKAZU TSUNO/AFP/Getty Images

3.10 Tuul and Bruno Morandi/Getty Images

3.11 Felipe Dupouy/Getty Images

3.12 Nicholas Adams/Getty Images

3.13 Lucas Schifres/Getty Images

3.14 Tullio M. Puglia/Stringer/Getty Images

3.15 Tom Werner/Getty Images

3.17 Henry Lederer/Getty Images

3.19 Bloomberg/Getty Images

3.20 PhotoAlto/James Hardy/Getty Images

3.21 Richard Bord/Getty Images

3.22 JP Yim/Getty Images

3.23 Feral Childe

3.24 Feral Childe

3.25 Feral Childe

3.26 Feral Childe

3.27 Feral Childe

3.28 Feral Childe

4.1 Victor VIRGILE/Gamma-Rapho via Getty Images

4.3 Chris Ratcliffe/Bloomberg via Getty Images

4.4 Gary Burchell/Getty Images

4.6 Paper Boat Creative/Getty Images

4.7 Cultura RM Exclusive/Hugh Whitaker/Getty Images

4.9 Noam Galai/Getty Images

4.10 Lam Yik Fei/Bloomberg via Getty Images

4.11 FRANCOIS GUILLOT/AFP/Getty Images

4.12 Gerber: Gerber Technology

4.13 Gerber: Gerber Technology

4.14 Gerber: Gerber Technology

5.1 Antonio de Moraes Barros Filho/WireImage

5.2 Neilson Barnard/Getty Images for Target

5.3 David M. Benett/Dave Benett/Getty Images for RED OR DEAD

5.4 Casper Hedberg/Bloomberg via Getty Images

5.5 Chris Ratcliffe/Bloomberg via Getty Images

5.6 Paul Taggart/Bloomberg via Getty Images

5.7 JB Lacroix/WireImage/Getty Images

5.8 Reza Estakhrian/Getty Images

5.9 Michael Nagle/Getty Images

5.10 Roc Canals Photography/Getty Images

5.12 John M. Heller/Getty Images

5.13 Noel Vasquez/Getty Images

5.14 LAURENT FIEVET/AFP/Getty Images

5.15 Kristen Lucio: American Drifter　LLC

5.16 Kristen Lucio: American Drifter LLC

5.17 Kristen Lucio: American Drifter LLC

5.18 Kristen Lucio: American Drifte LLC

5.19 Kristen Lucio: American Drifter LLC

5.20 Kristen Lucio: American Drifter LLC

5.21 Kristen Lucio: American Drifter LLC

以上所作的努力，都是为了体现、澄清本书再版过程对原书的文字与图像版权所有者的权益，并归功于他们。但若无意中遗漏了个别信息，出版商将努力在未来的版本中加入修订。